미루기
습관은
한 권의
노트로
없앤다

Original Japanese title :

SAKINOBASHI WA ISSATU NO NOTE DE NAKUNARU

Copyright © 2017 Nobutaka Ohira

Original Japanese edition published by Daiwa Shobo Co., Ltd.
Korean translation rights arranged with Daiwa Shobo Co., Ltd.
through The English Agency (Japan) Ltd. and Danny Hong Agency.
Korean translation copyright © 2018 by Writing House.

미루기 습관은 한권의 노트로 없앤다

오히라 노부타카 지음
이지현 옮김

7800명의 인생을 바꾼 행동 이노베이션 노트

라이팅하우스

이 책과 만난 특별한 인연의 당신에게 감사의 마음을 전한다. 이 책은 한 권의 노트로 뒤로 미루는 습관을 없애는 방법을 소개한다. 나는 '목표 실현 전문가'로서 7,800명 이상의 사람들이 자신의 꿈과 비전을 보다 빠르게 실현할 수 있도록 도와 왔다.

그중에는 런던 올림픽에 출전한 육상선수, 2년 연속 종합우승을 차지한 일본대학 승마부, 세계 무대에서 활약하는 최정상급 모델, 경영인, 사업가, 베스트셀러 작가 등이 있었다.

현재 나는 이들의 멘탈 서포트(mental support)를 하면서 얻은 다양한 지식과 견해, 최신 뇌과학, 아들러 심리학 등을 바탕으로 '미루기 습관' 때문에 고민하는 사람들에게 도움을 주고 있다.

내가 강의하는 코칭 세미나에는 다음과 같은 이유들로 고민하는 사람들이 찾아온다.

- ◆ 눈앞의 일만으로도 힘겹고 미래가 보이지 않아서 의욕이 생기지 않는다.
- ◆ 하루하루 이런저런 잡무에 쫓기다 보면 정작 하고 싶은 일에 시간을 투자하지 못한다.
- ◆ 업무가 끝나지 않아서 야근, 휴일 출근 등으로 삶의 성장을 기대할 수 없다.
- ◆ '언젠가는…'을 반복하며, 실패가 두려워 도전하지 못한다.
- ◆ 자신이 진정으로 하고 싶은 것이 뭔지 모르겠다.

그러나 이들 대부분은 미루기 습관의 진짜 의미를 모른다.

당신에게 중요한 일, 가치 있는 일을 뒤로 미루는 것.

이것이 바로 내가 말하는 '미루기 습관'의 진짜 의미다.

'중요하지 않은 것 = 사소한 것'을 뒤로 미루는 것은 미루기 습관이 아니다.

가령 근무 시간에 인터넷 서핑을 하거나 세월아 네월아 하며

일의 4가지 분류

급하면서 중요한 일	중요하지만 급하지 않은 일
• 고객의 불평 • 마감 기한이 촉박한 일 • 문제 처리	**뒤로 미루기 쉬운 부분** • 인맥 만들기 • 준비, 계획, 시스템 구축
급하지만 중요하지 않은 일	**급하지도 중요하지도 않은 일**
• 갑작스런 영업 응대 • 목적이 불명확한 회의	• 광고 문자 메시지 확인 • 인터넷 서핑 • '세월아 네월아' 하는 휴식

노닥거리거나 광고 메시지를 확인하는 등 중요하지 않은 일은 주위에 피해를 주지 않는 한 뒤로 미뤄도 된다.

당신에게 중요하지 않은 일은 뒤로 미뤄도 아무 문제가 되지 않는다.

반면에 갑작스런 영업 응대, 아무도 읽지 않는 보고서 작성, 목표가 불명확한 회의 등 '급하지만 중요하지 않은 일'만 하는 사람은 '미루기 습관'에 빠져 있다고 볼 수 있다.

물론 당신에게 중요한 일(= 뒤로 미루면 자신의 인생이나 업무에 엄청난 손해가 발생하는 일)을 뒤로 미루는 것이야말로 진짜 '미루기 습관' 이다.

'급하면서 중요한 일'을 뒤로 미루는 사람은 거의 없다. 왜냐하면 그렇게 하면 자신이 힘들어지고 타인에게도 폐를 끼치기 때문이다. 무엇보다 뒤처리하는 데에 애를 먹기 때문에 될 수 있으면 뒤로 미루지 않는다. 예를 들어 고객의 불만이나 마감 기한이 촉박한 일이 여기에 해당한다.

한편 '급하지 않지만 중요한 일'은 뒤로 미루기의 대상이 된다. 즉 열이면 열 뒤로 미루기 십상이다. 가령 생산성을 높이기 위한 시스템 구축, 업무 재검토 및 개선, 인맥 형성, 후배 육성 및 지도, 건강관리 등이 여기에 해당한다. 전문성을 갖추기 위한 공부, 승진을 위한 자격증 취득, 하고 싶은 일을 계획하거나 준비하는 것 등도 여기에 포함된다.

단, 이것들은 어떤 이에게는 미루기의 대상이 되지만 어떤 이에게는 미루기의 대상이 아니기도 하다.

본문에서 자세히 다루겠지만 '자신의 인생에서 진심으로 이루고 싶은 것은 무엇인가?'라는 판단 기준이 '바로 해야 하는지 아니면 뒤로 미뤄도 괜찮은지'를 결정짓는 중요한 관점이고 이것은 일과 삶의 질에 큰 영향을 미친다.

어떻게 되든 상관없는 일은 뒤로 미뤄도 괜찮다. 내가 말하는 '미루기 습관'은 당신의 인생에서 정말로 중요한 일을 뒤로 미루는 것을 뜻한다. 이 점을 반드시 기억하길 바란다.

뒤로 미뤄서 얻는 이득

사람은 이득(＝보상)이 없는 일은 하지 않는다.

즉 뒤로 미루기에도 이득이 있다는 소리다. 그 첫 번째가 바로 뒤로 미루는 그 순간 기분이 상하지 않고 풀린다는 것이다.

당신도 이런 경험을 한 적이 있을 것이다.

미뤄 뒀던 안건이 '이대로는 마감을 지킬 수 없다'는 불안으로 다가와 그 불안을 떨쳐 버리려고 기분 전환을 하기로 한다.

'딱 5분만 인터넷 서핑을 하고 시작하자.'

'앞으로 딱 5분만 수다를 떨거나 커피를 마시거나 담배를 피우거나 해서 기분 전환을 하자.'

그런데 정작 5분이 지나서 당신은 어떻게 하는가? '5분만 더!'라며 시간을 계속 늘린다. 그러다 문득 정신을 차려 보면 30분이 훌쩍 지나 있다. 그리곤 어느샌가 퇴근 시간이 다 되어 간다.

'오늘은 다른 안건을 집중적으로 처리하자. 이 건은 내일부터 본격적으로 해야지.'

이러는 동안 시간은 점점 더 흘러가고 결국 또다시 뒤로 미루고 만다.

또는 회사에 다니려면 반드시 따야 하는 자격시험이 한 달도 채 남지 않았는데 재미있다며 추리소설을 읽거나, 새로운 게임을 하는 등 공부에 진전이 없다.

귀찮은 일, 의욕이 생기지 않는 일, 성가신 일 등은 뒤로 미루면 그 순간만큼은 기분이 상하지 않아도 되니까 좋다. 불안, 공포, 불쾌, 부담, 걱정, 고생, 피로, 귀찮음 등을 느끼지 않아도 되니까.

뒤로 미뤄서 생기는 불이익

물론 미루기 습관에는 불이익도 있다.

그때그때 쌓이는 스트레스다. 일을 끝내지 못했다는 찜찜한 기분이 욕구 불만으로 쌓인다. 아마 당신도 '시간이 있다면…', '내일은 반드시…', '이 일이 마무리되면…'이라며 뒤로 미뤄서 뭔가 개운치 않은 날을 보낸 경험이 여러 번 있을 것이다.

중요한 일을 뒤로 미루면 '지금 이 순간'을 산다는 감각이 점점 둔해진다.

또한 중요하지 않은 일은 끝이 없다. 정말로 중요한 일에 시간을 할애하지 않고 중요하지 않은 일에만 지속적으로 시간을 소비

하면 늘 시간에 쫓기는 삶을 살 수밖에 없다. 이는 미래의 자신에게 '지금 하지 않은 대가'를 지불하게 할 뿐이다.

'중요한 일을 뒤로 미루는 것'이 습관화되면 악순환의 연쇄가 일어난다. 일에 좀처럼 손을 대지 못하고 작은 행동조차 더 많은 시간이 걸리고 만다. 이는 스스로 성장할 기회와 점차 멀어진다고도 할 수 있다.

더욱 나쁜 것은 '알고 있으면서도 하지 못하는 자신', '도망만 치는 자신'을 원망하게 된다는 점이다. 자기 스스로 도망치고 있다는 것을 알기에 극도의 자기혐오에 빠지기도 한다. 일에 달려들지 못하는 것 자체가 욕구 불만으로 쌓이는 것이다.

중요한 일을 뒤로 미루면 정신적, 육체적으로 지치는 것은 물론 뇌에도 피로가 누적된다.

아이러니하게도 '해야 할 일'을 뒤로 미루면 항상 머릿속에 그 일이 맴돈다. 실제로 그 일을 시작하지 않는 한 뒤로 미뤄서 생기는 불안과 후회는 점차 커질 뿐이다.

또한 다른 일을 하고 있어도 뭔가 찜찜한 기분에 즐겁지가 않다. 퇴근을 했어도 뒤로 미뤘던 안건이 계속 신경이 쓰여서 불필요한 스트레스를 받기도 한다.

어디에 있든 좌불안석에 마음 편히 쉴 수 없어서 타인을 신경질적으로 대하기도 한다. 심지어 불안하고 답답한 마음을 풀려고 게임이나 SNS, 술, 담배, 과자, 쇼핑 등 불필요한 것에 시간과 돈을 낭비하기도 한다.

뒤로 미루는 데만 열심인 가짜 노력에서 벗어나자

'뒤로 미루기'도 행동(=액션)이다.

냉정하게 꼬집어 보면 인간은 뒤로 미루기를 유지하려고 엄청난 노력을 한다. 이는 뒤로 미루는 데에 드는 '비용'이라고 말할 수 있다.

뒤로 미루기를 없애는 데도, 뒤로 미루기를 유지하는 데도 비용이 든다면 당신은 어느 쪽 비용을 부담하겠는가?

어쩌면 '제약만 존재하는 지금의 회사나 업무 때문에 자신이 정말로 하고 싶은 일을 뒤로 미룰 수밖에 없다'며 포기하는 사람이 있을지 모른다. 그러나 제약이 없더라도 인간은 '제약이 없다 = 언제든 할 수 있다 = 그렇다면 지금 하지 않겠다'처럼 결국은 뒤로 미룬다.

그러나 안심하길 바란다. 뒤로 미루기를 없애는 데에는 제약이 있어도 괜찮으니까.

뒤로 미루기를 없애기 위해서 제일 먼저 해야 할 일은 뒤로 미루는 노력을 하지 않겠다는 결심이다.

결심한 순간부터 당신은 변하기 시작할 것이다. 이 책은 그런 결심을 돕는 사고방식과 그 구체적인 방법에 대해서 소개한다.

회사원 시절의 나를 기억하는 사람들은 종종 "오히라, 자네 참 많이 변했어. 솔직히 예전이랑 전혀 다른 사람처럼 생기가 넘쳐." 라고 말한다. 실제로 나 자신조차 깜짝 놀랄 만큼 과거의 나와 지금의 나는 전혀 다르다.

나는 그 비결을 이 책에 하나도 빠짐없이 모두 실었다.

그 비결이 없었다면 이렇게 책을 쓰고 세미나와 연수 강사로 활약하는 등 나의 눈부신 변신은 일어나지 않았을 것이다. 단언할 수 있다.

우선 1장에서는 미루기 습관을 없애는 데에 반드시 필요한 힘차게 날아오를 원대한 목표를 세우고 설정하는 방법에 대해서 소개한다. 원대한 목표 설정이 앞으로 당신의 인생을 크게 바꿔 줄 중요한 열쇠가 될 테니 시간을 들여서 꼼꼼히 읽기 바란다.

2장에서는 미루기 습관을 100% 사라지게 만드는 최고의 방법인 행동 이노베이션 노트에 대해서 설명한다. '행동 이노베이션 노트' 한 권만 있으면 단 3분 만에 극적으로 당신의 현재 상황을 바꿀 수 있다. 능력, 의욕은 아무 상관없다. 당신의 꿈을 실현하기 위한 노트 비법을 전수한다.

3장에서는 행동 이노베이션 노트의 실제 사례를 살펴본다. 행동 이노베이션 노트를 보다 깊이 이해할 수 있도록 실제 사례를 들었다. '이렇게 해도 괜찮나 보네', '이렇게 하면 되는 거구나'라고 이해하면 된다.

4장은 실제로 행동 이노베이션 노트를 습관화했을 때에 생기기 쉬운 궁금증에 대한 답을 제시한다. 또한 매일 노트를 적는 것이 즐거워지는 방법을 실었다.

이 책에서 제안하는 것은 아주 간단하다.

① '원대한 목표'를 세운다.
② 10초 만에 가능한 행동을 노트에 적고 실행한다.

이 두 가지만 꾸준히 실천한다면 당신은 크게 변하기 시작할 것이다.

이노베이션(innovation)은 창조적 파괴를 의미한다. 큰맘 먹고 한번 부딪혀 벽을 부수고 지금의 당신에게 보다 나은 방향과 새로운 행동 패턴을 만들어 보자.

◆ 자신을 위한 시간을 늘릴 수 있다.
◆ 자신의 인생을 향해서 앞으로 나아갈 수 있다.

◆ 자신이 생각했던, 혹은 기대했던 미래를 향해서 나아갈 수 있다.

이 책이 지금까지 행동 이노베이션을 수행했던 수많은 사람들에게처럼 당신의 인생을 혁신하는 결정적인 계기가 된다면 더 이상의 바람은 없을 것이다.

그럼 이제부터 한 권의 노트를 통해서 지금의 당신을 이노베이션하고 다음 단계로 향하는 문을 열어 보자.

오히라 노부타카

목차

제1장 원대한 목표를 설정하는 방법
'미루기 습관'을 없애자!

제2장

행동 이노베이션으로 대혁신을!
깜짝 놀랄 만큼 행동력이 향상된다

원대한 목표를 설정하는 방법

'미루기 습관'을 없애자!

"미래에 앵커링하여 행동을 이노베이션한다."

이는 내가 세미나에서 소개하는 문장이다.

'앵커(anchor)'란 배가 정박할 때에 바다 밑으로 내리는 닻을 가리킨다.

미래에 앵커링(anchoring)한다는 것은 미래를 향해서 닻을 내린다는 의미다. 즉 '진실로 원하고 바라는' 미래를 그리는 것이다.

'어떡해서든 그런 미래에 도달하고 싶다.' 이런 생각이 드는 목적지를 발견했을 때에 인간은 '그렇게 하고 싶은 마음'이 생긴다.

그렇다. '그런 마음'이 샘솟는다.

의욕을 불태우는 것보다 실은 '그런 마음'이 생겨서 열심히 노력하면 제자리로 돌아오지 않는 진실한 변혁을 이룰 수 있다. 이것이 바로 '변화를 위한 행동 변혁법(innovation method)'이다.

당신이 미루기 습관을 없애는 데에 의욕은 필요하지 않다. 이번 장에서는 미루기 습관을 없애는 데에 반드시 필요한 목표 설정에 관한 이야기를 하려고 한다.

이제까지 행동으로 옮기지 못했어도 상관없다. 진실로 원하는 미래를 발견하지 못했기 때문이니까.

우선 미래를 향해서 힘차게 날아오를 원대한 목표를 세우자. 이것만으로도 뒤로 미루는 빈도를 상당히 줄일 수 있다.

미루기 습관은
마음을 다잡거나 애써 노력한다고
사라지지 않는다

만일 '행동의 양을 두 배로 늘려서 뒤로 미루지 않게 됐다면' 일의 효율성이 좋아져서 뒤로 미루는 빈도가 줄어들었을 여지가 있다.

하지만 당신도 이미 눈치챘겠지만 행동의 양을 두 배로 늘려도 뒤로 미루는 습관은 사라지지 않는다. 엄청난 양의 업무에 쫓기는 상태에서는 일을 처리하는 양을 두 배로 늘리는 정도로는 유감스럽게도 미루기 습관을 퇴치할 수 없다.

무리하게 야근하거나 작심하고 많은 양의 업무를 해치운다면 일시적으로 뒤로 미루는 빈도를 줄일 수는 있다.

그러나 애석하게도 인간은 계속해서 무리할 수 없다. 인간의 체력, 정신력, 집중력 등에는 한계가 있는 법이니까. 억지로 뒤로 미루기를 줄이면 진이 빠지거나 피로가 쌓이는 등 얼마 지나지 않아서 제자리로 돌아오고 만다. 결국 이제까지와 동일한 방법으로 일을 처리하는 한 한시적으로 뒤로 미루는 빈도는 줄일 수 있을지 몰라도 미루기 습관을 근본적으로 없앨 수는 없다.

그렇다고 걱정할 필요는 없다. 안심해라. 행동의 양을 늘리지 않아도 뒤로 미루기를 없앨 수 있는 방법이 있다.

일의 처리 속도를 높이지 않고 일의 질과 수준을 바꾸면 된다.

즉 일을 받아들이는 자세나 생각을 바꾸는 것만으로 뒤로 미루기를 없앨 수 있다. 또한 일을 통해서 자기 자신을 성장시키는 기회도 얻을 수 있다.

현재 당신은 '미루기 습관은 당연하고 미루기 습관을 없애는 것은 불가능하다'는 세계에서 일하고 있다.

다시 말해서 열심히 노력하면 어떡하든 뒤로 미루기를 줄일 수 있지만 한번 흐트러지면 다시 제자리로 돌아와 버리는 것이 습관적으로 뒤로 미루는 사람들의 일하는 방식이다.

반면에 '자신에게 중요한 일을 최우선으로 한다'는 생각으로 일하는 사람이 있다.

마음을 다잡거나 애써 노력하지 않아도 자신이 하고 싶은 일을 바로바로 처리해서 뒤로 미루는 문제가 발생하지 않는 것이 당연한 사람이다.

'일의 질과 수준'을 바꾸는 것은 그리 간단한 일이 아니다. 일이든 취미든 다음 단계로 뛰어오르려면 질적 변용이 요구된다. 지금 자신의 수준에서 생각해 낸 방법이나 방식은 지금의 단계에서

만 통용되기 때문이다.

◆ 도대체 뭘 바꾸면 되지?
◆ 뭘 결심하면 되지?
◆ 어떤 방향으로 노력하면 되지?

머리로는 이해하더라도 이렇게 전혀 갈피를 못 잡는 사람도 있을 것이다.

지금까지 일을 빨리 처리하거나 많은 양의 업무를 기간 내에 끝내는 등 눈앞의 일만 생각했다면 일의 의미나 가치, 목적을 고민하는 것은 상당히 어려운 일처럼 보일 것이다. 고민에 고민을 거듭해도 마치 출구 없는 미로 속에서 헤매는 것처럼 답을 찾지 못할지도 모른다.

그렇다면 당신이 이번에야말로 진심으로 변하려면 무엇이 필요할까?

그것은 바로 내가 제안하는 '원대한 목표를 세우는 것'이다.

과거와 지금의 연장선상에 존재하는 미래에서 벗어나자

마음이 요동을 치고 미래에 대한 생각에 푹 빠질 정도로 멋진, 즉 힘차게 날아오를 원대한 꿈과 목표를 세우자.

이는 내가 세미나에서 늘 언급하는 말이다.

지금은 목표 실현 전문가로서 활약하고 있지만 사실 나는 7년 전까지만 해도 전형적인 '뒤로 미루기의 달인'이었다. 해도 그만, 안 해도 그만인 일은 빨리 처리하면서도 정작 중요한 일은 손도 대지 못하고 뒤로 미루기 일쑤였다. 그리고 늘 그렇게 뭉그적대며 고민만 했다.

당시 나는 세무 관련 전문 잡지의 편집 업무를 맡고 있었다. 부기와 세법을 공부해서 세금에 관한 논문을 쓸 수 있을 정도의 수준이 된다면 기획을 제안하는 등 보다 의미 있는 일을 할 수 있다는 것을 알고 있었다.

그래서 큰 결심을 하고 서적을 구입해 전문가 스터디에도 참여해 봤지만 전혀 진전이 없었다. '세무 전문가도 아니고 공부한들 월급이 오르는 것도 아닌데, 회사 업무가 어려운 것도 아니고 지금부터 공부해도 어차피 전문가는 못 될 텐데'라며 뒤로 미루기를 정당화하는 핑계만 찾아 헤맸다.

항상 시간에 쫓겨서 급한 대로 일을 대충 처리하고 그 순간을 모면했다. 이렇게 별로 나아지지 않는 나 자신을 바라보며 실망하고 또다시 뒤로 미루는 일이 일상다반사였다. 이런 악순환을 끊지 못하고 뒤로 미루기만 했던 내가 지금은

"오히라, 자네 솔직히 예전이랑 전혀 다른 사람처럼 생기가 넘쳐."

라는 말까지 들을 정도로 변했다. 어떻게 된 것일까? 7년 전, 그다지 믿음직한 사원이 아니었던 내가 목표 실현 전문가로 독립해서 책을 출판하고 올림픽 출전 선수와 수많은 경영인을 돕는 등어떻게 매일 보람찬 일에 도전하며 살 수 있게 된 것일까?

그 비결은 바로 힘차게 날아오를 '원대한 목표'에 있다.

목표가 없었다면 나도 고객들도 이렇게까지 변할 수 없었다. 단언할 수 있다.

'행동으로 옮기지 못한다', '무심코 뒤로 미루고 만다'는 사람들

에게는 공통점이 있다. 무엇일까?

힘차게 날아오를 '원대한 목표를 세우지 않는다'는 점이다.

원대한 목표가 없는 사람은 골을 넣지 않는 축구를 하는 것과 같다.

그저 단순히 공을 차거나 패스하거나 드리블을 할 뿐이다. 자신에게 가까이 날아온 공에 반응해서 움직일 뿐이다. 골을 넣지 않으니 득점도 없고 승패도 없다. 무엇보다 감흥이 없으니 즐겁지도 않다.

또한 나아가야 할 방향도 목적도 없으니 그저 매일 생각나는 대로 즉흥적으로 행동할 뿐이다. 딱히 어떻게 하고 싶은 일도 없기에 상사의 지시나 사회 트렌드에 반응할 뿐이다.

그리고 상사의 평가나 주변 사람들과 자신을 비교하며 일희일비하는 날을 보낸다. 이런 상태에서 미루기 습관을 없애려고 노력하는 것은 누구에게나 힘든 일이다.

축구 경기의 경우에 넣어야 할 명확한 골이 있듯이 당신이 나아가야 할 방향을 명확하게 제시하는 '원대한 목표'가 있다면 당신은 어떻게 변할까?

일단 원대한 목표를 발견하면 정신이 번쩍 든다. 그리고 이루고 싶다는 마음이 생긴다. 일상의 사소한 결심과 행동이 목표를 실현하는 방향으로 저절로 움직인다. 실제 행동으로 옮기게 되는 것이다. 결과적으로 뒤로 미루는 빈도가 줄어들고 더 나아가 목표도 실현된다.

그러나 과거와 지금의 연장선상에서 미래를 그리는 한 미루기 습관을 없애기는 매우 어렵다.

과거와 미래가 줄다리기를 한다고 상상해 보자.

원대한 목표가 없으면 과거가 미래를 이긴다. 왜냐하면 과거는 자신이 직접 경험했던 만큼 기억이 선명하고 이미지화하기 쉽기 때문이다.

지금 단계에서 했던 노력을 더해도 갈 수 있는 곳은 지금 단계의 가장 최고점일 뿐이다. 뒤로 미루기를 없애려면 단계를 뛰어넘어야 한다. 즉 일의 질과 수준을 바꾸려면 어딘가에서 '힘차게 날아올라'야 한다. 그러기 위해서는 일단 미래로 힘차게 날아올라 본다.

힘차게 날아오를 '원대한 목표를 설정'하면 좋은 영화를 봤을 때와 똑같은 일이 일어난다. 원대한 목표에 빨려 들어가 미래로 날아갈 수 있다. 날아간 미래에서 현재로 선을 긋는다는 생각으로 제자리로 돌아온다. 이렇게 하면 지금의 연장선상에 없는 '예정'을 뛰어넘는 새로운 미래로 갈 수 있다.

미루기 습관을 없애는 데에 필요한 첫 번째 사고방식은 힘차게 날아오를 '원대한 목표를 갖는다는 것'이다.

현재의 연장선에 아무리 선을 그어도 돌파구는 생기지 않는다.

공중그네도 일단 한 번은 손을 놓아야 그다음 그네로 날아갈 수 있지 않은가? 과거의 언장신상에 존재하는 '지금'이라는 그네에서 손을 놓지 않는 한 현재의 공중그네가 움직이는 폭의 제약 안에서 일희일비하며 지낼 수밖에 없다.

당신도 힘차게 날아오를 원대한 목표를 세우고 다음 단계로 날아가 보자.

힘차게 날아오를 미래로부터 역산한다

뒤로 미루지 않고 목표를 착실하게 실현하는 사람들에게는 공통점이 있다.

미래로부터 거꾸로 계산해서 계획을 착실하게 쌓아 가는 '역산(逆算) 사고'를 한다는 점이다.

뒤로 미루지 않고 일이 잘될 때는 '축적 사고'와 '역산 사고'를 같이 하는 경우가 많다. 반면에 중요한 일을 뒤로 미룰 때는 일방통행, 즉 한 가지 사고만 하는 경우가 대부분이다.

대개 사람들은 현재 상황에서 조금씩 개선하는 행동을 그때그때 쌓아 간다. 즉 '축적 사고'만으로 뒤로 미루기를 없애려고 한다.

어느 정도 익숙한 일이나 일상은 '축적 사고'만으로 가능하다. 하지만 새로운 프로젝트나 도전을 그렇게 처리하려고 하면 곧바로 멈출 수밖에 없다.

'죽을 것 같다', '힘들다', '귀찮다', '시간이 없다', '자신이 없다',

'어떻게 해야 할지 모르겠다' 등이 '걸림돌'이 되어 한 발자국도 내딛지 못하거나 어떤 행동도 취하지 못한다.

또는 '해야 하는 일'에 쫓겨서 의무감에 짓눌리는 경우도 있다. 때로는 타인의 비판과 평가 등이 '장애물'로 다가오기도 한다.

이렇게 되면 '나에겐 힘들어', '어차피 해도 안 될 텐데 그럼 안 하는 편이 나아'라며 쉽게 뒤로 미루고 만다.

'지금의 상태'를 기준으로 생각하는 축적 방식의 사고만으로는 정체 상태에 빠질 수밖에 없다. 당신이 실현하고자 하는 '미래'는 지금의 연장선상에 존재하지 않는다. 지금의 연장선상에서 실현할 수 있는 것은 '예정'뿐이다. 당신이 딱히 노력하지 않아도 실현할 수 있는 것은 '목표'가 아니라 '예정'이다.

새로운 일에 도전할 때는 어느 시점에서 힘차게 날아올라야 한다. 누구든지 처음은 초보이고 미경험자다. '전례가 없으니 못하겠다', '해 본 적이 없어서 안 되겠다', '지금의 실력으로는 불가능하다'라며 포기한다면, 딱히 노력하지 않아도 다가올 지금의 연장선상에 존재하는 '예정'밖에 실현할 수 없다.

뒤로 미루지 않고 성공하는 사람들은 미래로 힘차게 날아오른 멋진 사람들이다.

방법이나 수단, 경험, 능력, 현실적인 제약 등은 일단 접어 두고 당신이 이루고자 하는 미래를 명확히 떠올려 보자. 그러면 지금의 연장선상에 없는, '예정'을 뛰어넘는 새로운 미래로 날아갈 수 있다.

나도 이 사고방식을 완벽하게 익힌 다음부터 뒤로 미루는 빈도가 줄었고 목표를 보다 빠르게 실현할 수 있었다. 그리고 내가 맡고 있는 고객들도 '원대한 목표를 세우고 역산 사고를 한다'는 사고방식을 활용해서 자신의 원대한 꿈과 목표를 실현하고 있다.

이처럼 미루기 습관을 없애는 데에 중요한 또 다른 한 가지는 '역산 사고'다. 실현하고자 하는 미래로부터 거꾸로 계산하는 것이다.

물론 목표 실현에 수반되는 '행동'은 축적 사고든 역산 사고든 상관없다. 해야 할 일은 뒤로 미루지 말고 해야 하니까. 단, 역산 사고를 하면 행동에 부담이나 저항이 적어진다.

힘차게 날아오를 원대한 목표와 여기에서 시작되는 역산 사고, 이 두 가지를 잘 익힌다면 행동에 대해 느끼는 부담감은 훨씬 줄어들 것이다.

원대한 목표를 가지면
행동에 불이 들어온다

'미루기 습관'으로 고민하는 사람들의 대부분은 다음의 네 가지 타입 중 어느 하나에 해당한다. 어쩌면 네 가지 타입 중 몇 가지가 겹치는 사람도 있을 것이다.

① 불안이 앞서는 타입

도전하고 싶은 마음이 생겨도 '실패하면 어쩌지?', '바보 취급 당하면 어쩌지?', '아무도 도와주지 않으면 어쩌지?' 등등 일이 잘 풀리지 않을 때의 상황을 먼저 떠올린다. 그래서 절대로 실패하지 않을 대책을 세우는 동안 의욕을 상실하고 포기하고 만다.

② 자신감이 부족한 타입

'전례(경험)가 없으니 무리야', '능력이 없으니까 안 하는 게 이득이야', '잘 알아본 후에', '제대로 준비한 다음에' 등을 입버릇처럼 달고 산다.

자기 자신과 일에 대해 자신감이 없는 경우가 많다. 누군가 격려해 주거나 제안해 줄 것을 기다린다.

③ '이것저것' 타입

일단 하고 싶은 것도 많고 예정도 많은 사람이다. 의욕이나 행동력이 없는 것은 아닌데 우선순위를 정하지 못한다. 일이 너무 많아서 어디서부터 손을 대야 할지 몰라 결국은 모든 일에 손을 대려고 한다. 이렇게 저렇게 열심히 움직이기는 하지만 정작 중요한 일을 다음으로 미루고 원하는 결과를 얻지 못한다.

④ 시간이 부족한 타입

'다른 일의 마감 때문에 바빠서', '시간만 충분히 확보할 수 있다면' 같은 핑계만 찾다가 시간을 흘려보낸다. '해야 할 일'을 우선시하는 바람에 '정말로 하고 싶은 일'에 투자할 시간을 확보하지 못하고 항상 미룬다.

이처럼 미루는 이유는 다양하지만 이를 해결하는 데에 필요한 방법은 딱 하나다. 바로 원대한 목표를 세우는 것이다.

목표가 없는 사람은 정작 자신에게 가치 있는 일을 미루기 일쑤다. 왜냐하면 닥치는 대로 하기 때문이다.

조금이라도 힘들거나 어렵거나 싫으면 '다른 것을 하자'라고 생각한다. 그래서 사소한 유혹이나 충동에도 지고 만다. 그러다 결국 뒤로 미룬다.

목표가 없는 사람은 '실이 끊어진 연'과 같은 상태라고 할 수 있다.

예를 들어 훌륭한 상사 밑에서 일하는 상승 기류를 타면 하늘 높이 나는 반면에 방임주의적인 상사 밑으로 인사 이동되는 하강 기류를 타면 단숨에 바닥으로 곤두박질친다. 상사는 물론 사회 분위기, 회사 상황, 부서, 동료, 부하 등 주변 상황에 휘둘려 일희일비한다.

본인 스스로가 목표를 발견하고 행동하는 습관을 기르지 않는 한 미루기 습관을 없애는 방법은 없다.

옛날 사람들은 바다를 항해할 때나 항로를 잃었을 때에 북극성에 의지했다. 시시각각 움직이는 하늘의 무수히 많은 별들 가운데 북극성만 거의 움직이지 않기 때문이다. 즉 북극성과 같은 목표가 있으면 삶의 방향이 결정된다. 그러면 미루기 습관이라는 함정에 걸려들지 않고 빠져나올 수 있다.

며칠 정도로는 목표가 있는 사람과 없는 사람의 성과 사이에 별반 차이가 없다.

하지만 3개월, 6개월, 1년 후에는 그 진가가 발휘된다. 하물며

5년, 10년 후라면 어떻겠는가? 압도적인 차이를 보일 것이다.

아무런 목표 없이 새로운 일, 손해를 감수해야 하는 일, 힘든 일에 도전하는 것은 누구에게나 힘들다.

'이걸 하는 게 좋겠다', '지금이야말로 그 일에 착수해야 할 때다'라고 머리로는 알고 있어도 '무리하면서까지 오늘 할 필요는 없겠지?', '내일 열심히 하면 어떻게든 될 거야?'라며 끊임없이 뒤로 미룬다.

이런 상태로는 당연히 미루기 습관은 사라지지 않는다.

그런데 힘차게 날아오를 원대한 목표를 설정하면 행동에 불이 들어온다. 곧바로 그 일에 착수하고 싶어진다. 일상의 사소한 결심과 행동이 모두 목표를 이루려는 방향으로 정렬한다.

회사 일이든 개인적인 일이든 '이걸 하는 게 좋겠다', '지금이야말로 그 일에 착수해야 할 때다'라는 생각이 들면 곧바로 행동을 취하게 된다. 그래서 결과적으로 미루기 습관이 사라진다.

이런 목표라면
뒤로 미룰 뿐이다

당신은 여기까지 읽고 어떤 생각이 들었는가?

어떤 사람은 '큰일이군. 목표 설정도 하지 않았는데 이 책을 읽게 돼서 참 다행이야'라고 생각했을지도 모른다. 아니면 '어라? 나는 목표가 있는데 목표를 설정한 사람이랑 다르지 않잖아?'라며 혼란스러운 사람도 있을 것이다. 이 책에서 내가 제안하는 '원대한 목표'는 다음의 세 가지 목표와 다르다.

① 다른 사람이 정해 준 수치 목표

예시 : 상사가 지시한 목표, 인사 평가를 위해 세운 목표, 야근 줄이기, 교제비 0원, 매출 10% 올리기, 이익률 3% 개선 등

② 노력하지 않아도 달성할 수 있는 목표

예시 : 토익 점수 10점 올리기, 내년에 대리로 승진하기(90% 이상이 입사 5년 안에 대리로 승진하는 회사의 경우) 등

③ 사회적 통념상 그럴싸해 보이는 목표

예시 : 임원으로 발탁, 사장으로 승진, 연봉 1억 달성, 회사 사장상 받기, 회사 주식 상장, 고급 주상복합 아파트의 최고층에 살기, 롤렉스나 에르메스 등 고급 명품 사기, 과장으로 승진 등

일단 '다른 사람이 정해 준 수치 목표'는 자신이 주체적으로 세운 목표가 없는 상태와 같다.

미루기 습관을 없애는 데는 본인 스스로가 세운 목표가 필요하다.

세미나에 참여하는 사람들 중에도 회사가 정해 준 목표만 있을 뿐, 자신의 경력이나 자신의 입장에서 바라본 업무 관련 목표를 설정하지 않는 사람이 비교적 많다.

목표 설정은 주체적으로, 자신의 입장에서 세우는 것이 핵심 포인트다.

'노력하지 않아도 달성할 수 있는 목표'의 경우에 얻을 수 있는 피드백은 '실현했느냐 못 했느냐', '성공했느냐 못 했느냐' 등 결과의 유무, 즉 양자택일이 되기 쉽다. 이러면 모처럼 행동으로 옮겼어도 그 결과를 통해서 배울 수 있는 것이 적을 수밖에 없다.

반면에 원대한 목표의 경우는 실현하기 어려운 만큼 결과의 유무에 상관없이 '얼마나 가까이 다가갔는지', '그 행동이 효과적이

었는지', '행동의 질과 양' 등 피드백 요소가 다양하다. 그래서 행동 후의 검증과 궤도 수정도 쉽다.

'사회적 통념상 그럴싸해 보이는 목표'의 경우는 다른 사람이 정해 준 목표와 같다.

물론 사회적 통념상 그럴싸해 보이는 목표에 양질의 것도 있다. 하지만 당신이 진정으로 바라는 것이 아니라면 주체적인 목표라고 할 수 없다.

당신이 진정으로 이루고 싶은 원대한 목표를 '잘 닦아서 빛나게 하는 방법(brush up)'에 대해서는 나중에 설명하겠다. 일단 사회적 통념상 그럴싸해 보이는 목표가 자신이 진정으로 바라고 이루고 싶은 목표와 동일한지 명확하게 확인해 보길 바란다.

어쨌든 힘차게 날아오를 원대한 목표란 매력적이고 당신이 실제로 그렇게 되길 바라는 목표라는 점을 잊지 말자.

생각나는 대로
목표를 적기 시작한다

자, 지금부터는 나와 함께 힘차게 날아오를 '원대한 목표'에 대해서 생각해 보자.

어쩌면 '힘차게 날아오를 원대한 목표라니 왠지 어려울 것 같아. 나는 못 하겠어', '원대한 목표를 세우라니 너무 갑작스러워서 도무지 무난한 목표밖에 떠오르지 않아'라고 생각하는 사람도 있을 것이다.

그런 걱정은 잠시 접어 두길 바란다. 내가 말하는 순서대로 천천히 따라해 보면 누구라도 힘차게 날아오를 원대한 목표를 세울 수 있다. 일단 연필과 종이 한 장을 준비한다.

그리고 생각나는 대로 목표를 적는다. 뭐든지 상관없다. 일단 적기부터 시작한다.

나의 세미나에 처음 오는 사람들 중에는 목표를 생각나는 대로 적으라고 해도 선뜻 적지 못하는 사람도 있고, '사실 나 자신이 뭘 하고 싶은지 몰라서 세미나에 왔는데 갑자기 그런 걸 물으니 더 모르겠다'는 사람도 있다.

그런데 내가 6개월 이상 지속적으로 맡아 온 고객들에게 똑같이 물으면 자신이 진심으로 원하고 바라던 목표가 술술 나온다.

이 둘의 차이는 무엇일까? 바로 '실제로 어떻게 하고 싶어?'라는 질문을 항상 자신에게 던지고 있느냐 아니냐에 있다.

따라서 당신이 최고의 목표를 찾기 위해서 제일 먼저 해야 할 일은 '하고 싶은 것, 갖고 싶은 것, 이루고 싶은 것, 느껴 보고 싶은 기분' 등을 모조리 종이에 적는 것이다.

일뿐만이 아니다. 돈, 환경, 물건, 시간, 인간관계, 건강, 배움, 취미 등 생각나는 대로 다 적는다. 단, 적을 때는 아이디어를 '낼' 시간과 '자세히 조사'할 시간을 명확하게 구별하는 것이 중요하다.

꿈과 목표에 '안 된다'고 말하지 않는다

목표를 적다 보면 '이런 목표는 별 볼 일 없지 않나?', '내가 이걸 할 수 있을까?', '내 나이에 이건 좀 늦지 않나?', '이것보다 더 좋은 목표가 있을 거야', '난 너무 욕심이 많아', '이런 걸 바라다니 이기적이야'라는 생각이 들기도 할 것이다. 하지만 그게 무엇이든 당신이 모처럼 적은 목표이니 비난하거나 부정적으로 생각하지 말았으면 좋겠다.

'이 사람은 비난도 평가도 하지 않고 내 이야기를 잘 들어 준다'는 느낌을 받았을 때에 우리는 마음의 소리, 즉 본심을 털어놓을 수 있다. 이는 타인과의 관계에서만이 아니라 자기 자신과의 관계에서도 마찬가지다.

예를 들어 A와 B가 있다고 하자. A의 사고, 감정, 행동은 모두 B의 지시에 따른다고 생각하자.

B가 '그런 목표는 세워 봤자 어차피 달성할 수 없어', '너 자신조차 무리라고 생각하는 꿈을 적어서 뭐하겠어?', '꿈과 목표를

적어 봤자 어차피 행동으로 옮기지 않을 텐데' 등 비난과 부정적인 평가만을 늘어놓았다고 하자.

그러면 B의 지시를 따르는 A는 당연히 어떻게 하겠는가? '내가 이걸 어떻게 해?', '어차피 이룰 수도 없는 꿈이고 목표인데 적어서 뭐해. 그만 둘래'라고 단념할 것이다.

어떤 생각이 드는가?

당신 자신이 생각한 목표에 '안 된다'라고 말하는 것은 이와 마찬가지다. 본인 스스로가 자신을 괴롭히는 것과 같다.

이런 상태로는 자신이 하고 싶은 간단한 것조차 종이에 적기 어렵다.

처음에는 평범한 목표라도 괜찮다.

평범한 목표를 계기로 힘차게 날아오를 원대한 목표를 찾아 나서면 되니까. 누구나 거쳐 가는 길이니 걱정하지 말자.

당신이 자신의 아이디어를 평가하거나 비난하면 꿈과 목표는 그 순간 시들고 만다.

아무리 자그맣고 형편없는 것이라도, 반대로 허무맹랑하고 얼토당토않는 것이라도 괜찮다. 일단 당신이 '좋다', '갖고 싶다', '재미있겠다', '해 보고 싶다', '그렇게 되면 정말 행복하겠다'는 생각이 드는 것을 열심히 종이에 적어 보자. 자신의 욕망에서 비롯된 목표부터 시작해 보는 것도 나쁘지 않다.

욕망을 있는 그대로 쓴다

'당신은 지금 어떤 욕망을 가지고 있는가?'

'이게 갖고 싶다', '저게 갖고 싶다', '이것도 하고 싶다', '저것도 하고 싶다', '그 사람과 만나고 싶다', '저걸 먹고 싶다', '저기에 가고 싶다', '이렇게 하고 싶다', '저렇게 하고 싶다' 등 인간의 욕망은 끝이 없다. 그런데 이것은 지극히 건전한 상태다. 인간은 누구나 욕망에서 시작해 큰 목표를 꿈꾸게 되니까.

누구나 자신이 진정으로 바라는 욕망에 솔직해지면 마음 깊숙한 곳이 두근두근 떨리고 설레는 기분이 마구 샘솟게 마련이다. 그리고 지금까지 머리로만 생각해서 억지로 했던 것들이 거짓말처럼 즐겁게 느껴진다. 나는 이것을 '행동 이노베이션'이라고 부른다.

물론 '당신의 욕망은 무엇입니까?'라는 질문에 곧바로 대답하지 못할 수도 있다. 보통 '욕망'이라고 하면 부정적인 느낌이 들고 나쁜 것 같아서 생각하고 싶지 않다는 사람도 많으니까.

나도 예전에는 그랬다. '욕망'에 대해 생각해 보겠다는 발상 자체가 아예 없었다. 또한 솔직히 욕망을 마주 보면 제어할 수 없어서 폭주할지도 모른다는 불안도 있었다.

사실 자신의 욕망을 알기 위한 방법이 있다.

나는 '욕망 = 머리의 소리, 몸의 소리, 마음의 소리'라고 생각한다.

1. 머리의 소리 : 평소에 생각하는 것으로 '해야 한다'는 의무감
2. 몸의 소리 : 몸의 상태나 컨디션. 어깨가 결린다거나 목이 따갑다 등
3. 마음의 소리 : 느낌, 기분, 희로애락 등

욕망은 생각하는 것이 아니라 느끼는 것이다. 이 세 가지의 소리를 나눠서 '실제로 어떻게 하고 싶은지'를 자신에게 물어보자.

보통은 이 세 가지 소리가 섞여 있거나 어느 한 가지 소리만 듣고 있는 경우가 많다. 예를 들어 몸이 좀 이상하다며 고민하는 사람은 '몸의 소리'를 무시하고 본인을 혹사하고 있는 경우가 많다.

미루기 습관 때문에 고민하는 사람들의 대부분은 '머리의 소리'만 듣고 따른다.

- 회사 지시를 따라야 한다.
- 해고되지 않을 정도의 성과를 올리면 된다.
- 아파트 대출금을 갚는 것이 최우선이다.
- 이제 와서 시작하기는 늦었다.
- 지금 그런 일을 할 여유가 없다.
- 주위 사람들이 실망할지도 모른다.
- 어차피 나에게는 벅찬 일이다.

등등 이런 '머리의 소리'가 커져서 자신의 진짜 소리가 들리지 않는 것이다.

미루기 습관을 없애고 싶다면 이 세 가지 소리 중에 '마음의 소리'에 귀를 기울여 보길 바란다.

마음의 소리를 듣는 것은 당신이 품고 있는 '욕망'을 정확히 아는 데에 도움이 되기 때문이다.

예를 들어 '회사 지시를 따라야 한다'는 머리의 소리가 크게 들린다면 나머지 두 가지, 즉 몸과 마음의 소리에 귀를 기울여 보자. 몸은 '지하철이 끊기기 전까지 일하는 건 싫어', '전날 쌓인 피로가 풀리지 않아서 매일 힘들어'라고 외치고 있을지 모른다. 이 소리에 귀를 기울여 '실제로 어떻게 하고 싶어?'라고 자문해 보면

◆ 따뜻한 물에 목욕하고 푹 자고 싶다.

◆ 나를 무시한 그 자식에게 복수하고 싶다.

◆ 내가 좋아하는 일에 좀 더 시간과 돈을 투자하고 싶다.

◆ 가족, 친구랑 마음 편히 즐거운 시간을 보내고 싶다.

등등 '당신의 욕망'을 쉽게 느낄 수 있을 것이다.

원대한 목표의 출발점은 당신의 '욕망'이다. 당신에게도 입 밖으로 내지 못할 뿐 '욕망'이 반드시 있다. 그런 욕망을 부정하지 말자. 더럽든 나쁘든 아무래도 괜찮다.

걱정은 잠시 접어 두자. 욕망은 그렇게 더럽지 않다. '욕망'의 끝에는 반드시 '다른 사람을 위해서 뭔가 하고 싶다'는 타인을 위한 공헌과 관련된 비전이 연결되어 있을 테니까.

즐겨라! 무책임해도 좋다

만일 진심으로 하고 싶은 일이나 궁극적인 목표, 쌓고 싶은 경력 등이 지금 명확하지 않다고 해서 걱정할 필요는 없다. 괜찮다. 반드시 당신에게 꼭 맞는 원대한 목표에 도달할 수 있으니까.

'목표 설정'이라고 하면 너무 거창해서 '자신에게는 무리다', '목표를 설정하기 어렵다'고 생각하는 사람들이 있다.

하지만 원래 자신이 하고 싶은 일을 생각하는 것은 무척이나 즐거운 순간이다.

어린 시절에 꿈꿨던 상상이나 기대에 부풀어 들떴을 때의 기분을 떠올려 보는 것도 효과적이다.

'이번 생일에는 이런 장난감을 받았으면 좋겠다', '이번 생일에는 내가 좋아하는 새우튀김을 먹었으면 좋겠다', '내일 쉬는 시간에는 친구랑 술래잡기를 했으면 좋겠다', '오늘 간식은 뭘까? 내가 제일 좋아하는 푸딩이었으면 좋겠다', '25미터를 자유형으로 수영할 수 있게 된다면 얼마나 좋을까?', '친한 친구랑 같은 반이 되면 얼마나 좋을까?', '다음번 한자 시험에서는 만점을 받으면 정말 좋겠다', '백일장에서 상을 받고 싶다', '릴레이 선수가 되고 싶다', '합창단에 들어가고 싶다', '이번에 자리 바꾸기에서 내가 좋아하는 여자 아이 옆에 앉으면 얼마나 좋을까?', '오늘 급식 메뉴가 카레라이스던데 빨리 먹고 싶다', '방과 후에 친구랑 학교 교정에서 놀고 싶다' 등.

어떤가? 설레지 않는가? 당신도 이런 생각을 한 적이 있을 것이다. 그때의 기분을 떠올려 보자.

실현 가능성보다 열정의 열량이 중요하다. 꿈이 크면 클수록 미루기 습관을 없애는 데에 큰 힘이 된다.

그러므로 여기서는 당신의 능력, 연령, 경제적인 상황, 가족들의 요구, 업무 상황, 시간적 여유, 체력, 실현 가능성 등 현실적인 제약은 일단 접어 두자.

기준은 '실현 가능한지'가 아니라 '당신이 실현하고 싶은지'다. 당신이 열정을 느끼는지 느끼지 못하는지가 가장 중요하다.

당신의 인생은 부모나 회사, 상사, 세상 사람들의 기대로 결정되는 것이 아니다. 당신의 인생은 당신 스스로가 설계하고 결정하는 것이다.

백지 상태에서 '실제로 어떻게 하고 싶어?', '진심으로 어떻게 되길 바라?', '실제로 어떤 생활을 하고 싶어?'라고 자문해 보고

당신이 꿈꾸는 이상적인 인생과 경력에 관한 계획을 구체적으로
생각해 보자.

양질전환, 우선 질보다 양을 추구한다

목표를 세우는 첫 번째 단계에서는 목표의 '질'보다 '양'이 중요하다.

목표가 많으면 많을수록 당신에게 딱 맞는 멋진 목표를 발견할 확률이 높아진다. 최고의 목표를 생각할 때에 5개만 생각하는 것과 100개에서 5개를 고르는 것 중에 어느 쪽이 더 멋진 목표를 찾을 수 있겠는가? 후자가 아니겠는가? 양적인 변화가 일정 단계에 도달해야 비로소 질적 변화가 일어난다.

그러니 사소한 것이라도 좋다. 하고 싶은 것을 모조리 종이에 적어 보자.

여기에 참고할 만한 몇 가지 질문을 적어 보겠다.

◆ 해 보고 싶은데 지금까지 참고 있었던 일은?
◆ 한 달 정도 시간적 여유가 있다면 어떤 일을 하고 싶은가?
◆ 생활비를 벌지 않아도 된다면 어떤 일을 하고 싶은가?

◆ 한 푼도 받지 못해도 하고 싶은 일은?

◆ 식사를 거르고 잠도 못 자면서까지 하고 싶은 일은?

◆ 어렸을 때에 푹 빠졌던 것은?

◆ 어렸을 때에 동경했던 사람은?

◆ 지금까지 살면서 어떤 일에 시간을 투자했나?

◆ 지금까지 살면서 어떤 일에 돈을 가장 많이 썼나?

◆ 어떤 일이 즐거웠나?

◆ 회사 업무 중에서 어떤 일을 달성해 보고 싶은가?

◆ 어떤 일을 하고 싶은가?

◆ 언제 가장 질투가 나는가?

◆ 어디에서 일하고 싶은가?

◆ 월급, 포상금은 얼마나 받고 싶은가?

◆ 어떤 사람(상사, 선배, 동료, 부하)과 함께 일하고 싶은가?

◆ 고객에게 듣고 싶은 말은?

◆ 점심은 어디에서 누구랑 무엇을 먹고 싶은가?

◆ 어떤 자격증을 따고 싶은가?

◆ 무슨 공부를 하고 싶은가?

- 여름휴가나 연말연시, 황금연휴 등 장기 휴가 기간에 하고 싶은 것은?
- 휴일을 어떻게 보내고 싶은가?
- 가족과 어떤 대화를 나누고 싶은가?
- 귀가 후에는 어떻게 시간을 보내고 싶은가?
- 아침에 어떤 기분으로 일어나고 싶은가?

- 어떤 기분으로 하루를 마무리하고 싶은가?
- 어떤 집에 살고 싶은가?
- 입고 싶은 옷은?
- 적금, 자산 등은 어느 정도 보유하고 싶은가?
- 가 보고 싶은 곳은?

- 어떤 일을 경험해 보고 싶은가?
- 어떤 사람과 친구가 되고 싶은가?
- 직접 만나 보고 싶은 사람은?
- 사고 싶은 것은?
- 먹고 싶은 것은?

- 3년 후 어떻게 되고 싶은가?

- ◆ 5년 후 어떻게 되고 싶은가?
- ◆ 10년 후 어떻게 되고 싶은가?
- ◆ 20년 후 어떻게 되고 싶은가?
- ◆ 생을 마감할 때에 절대로 후회하고 싶지 않은 것은?

고민과 당면한 과제를 적는다

어쩌면 '하고 싶은 일, 갖고 싶은 것, 이루고 싶은 것, 느껴 보고 싶은 기분' 등에 대해서 아무 생각도 떠오르지 않는 사람도 있을 것이다. 이럴 때는 힘들게 쥐어짜듯이 생각하지 않아도 된다. 발상을 전환하면 되니까.

고민이나 당면한 과제, 즉 '절대로 하고 싶지 않은 일, 기분 나쁜 것, 피하고 싶은 것, 갖고 싶지 않은 것, 두 번 다시 느끼고 싶지 않은 기분' 등 싫은 것을 적어 보자.

'하고 싶은 것'과 '하고 싶지 않은 것'은 동전의 양면과 같다. '하고 싶지 않은 일'의 반대가 '당신이 하고 싶은 일'일 경우가 많다.

하고 싶지 않은 일을 적어 보면 당신의 본심, 즉 속마음을 알 수 있다. 하고 싶은 일보다 하고 싶지 않은 일을 통해서 인간으로서의 바람직한 모습, 살아가는 방법, 살아가는 자세를 보다 명확하게 끌어내기 쉬울 때도 있다.

◆ 수면 시간을 줄이고 싶지 않다.

◆ 만원 전철을 타고 출근하는 데 지쳤다.

◆ 늘 불안한 마음으로 지내고 싶지 않다.

◆ 한숨만 쉬고 싶지 않다.

◆ 쓸데없는 회식 자리에 나가고 싶지 않다.

◆ 고객의 비위를 맞추며 고개를 숙이고 싶지 않다.

◆ 상사에게 아첨을 떨고 싶지 않다.

◆ 타인의 성공을 질투하거나 주눅 들고 싶지 않다.

◆ 의미 없는 휴일 출근은 하고 싶지 않다.

◆ 마감과 할당량에 쫓겨서 밤샘 야근을 하는 것은 싫다.

◆ 타인을 밀어내면서까지 출세하고 싶지 않다.

◆ 가치관이 다른 사람과 함께 일하고 싶지 않다.

◆ 예금 잔고가 신경이 쓰여서 사고 싶은 것을 살 수 없다.

◆ 집에 돌아와 가족의 눈치를 살피거나 기분을 맞추고 싶지
  않다.

◆ 친구와 외출을 해도 경제적, 시간적으로 여유가 없어서 즐
  기지 못한다.

◆ 스마트폰을 만지작거리는 것밖에 취미가 없다.

◆ 영어 회화 등 뭔가를 진득하니 오래 배우지 못한다.

◆ 만취해서 기억을 잃는다.

◆ 미친 듯이 군것질을 하다가 후회한다.

◆ 가고 싶은 곳에 가지 못하고, 하고 싶은 일을 할 시간이 없다.

◆ 방 정리를 못해서 마음이 편하지 않다.

◆ 불안감에 잠을 못 잔다.

◆ 가족과 함께 보낼 시간이 없다.

싫거나 하고 싶지 않은 일을 모두 종이에 적었으면 그것을 반대로(이상적인 상태) 바꿔서 적어 보자.

어쩌면 그것이 당신이 진심으로 하고 싶은 일일지도 모른다. 아니면 적어도 당신이 원하는 것이나 하고 싶은 일에 대한 힌트를 얻을 수 있을 것이다.

그러고 나서는 다시 한 번 '하고 싶은 일'을 종이에 적어 보자.

원대한 목표는
생생하게 이미지화할 수 있는 것

그렇다면 지금 종이에 적은 목표와 '원대한 목표'는 어떻게 다를까?

당신은 자신의 목표에 푹 빠져 있는가?

종이에 적은 목표를 실현했을 때를 생생하게 이미지화할 수 있을 정도인가?

고대하고 있던 여행, 골프, 취미 등을 눈앞에 두고 잠을 설칠 정도로 설렜듯이 말이다. 마치 현장에 있는 것처럼 생생하게 이미지화할 수 있는 목표, 이것이 바로 힘차게 날아오를 '원대한 목표'다.

'원대한 목표'를 세울 때의 포인트는 이미지화 작업이다.

당신이 종이에 적은 목표를 '원대한 목표'로 정하려면 제일 먼저 해야 할 일은 '목표 도달 이미지(goal image)'를 그리는 것이다.

명확하게 목표 도달 이미지를 그린 후에는 다시 한 번 언어화한다. 그러면 종이에 적은 목표가 '원대한 목표'에 가까워지고 비교적 수월하게 행동으로 옮길 수 있다.

단, 꿈이나 목표를 실현한 목표 도달 이미지가 명확하지 않은 상태로 강제로 언어화하면 미루기 습관을 없앨 수 없는 경우가 많다.

뇌는 '언어'만으로 움직이지 않는다. 뇌는 '이미지'와 '언어'에 따라 움직인다. 따라서 목표도 '언어'만으로는 부족하다.

물론 '이미지화' 작업이 어려운 사람도 있을 것이다. 그런 사람들을 위해서 목표 도달 이미지를 생생하게 그릴 수 있는 방법을 두 가지 소개하겠다.

1. 스토리를 만든다

당신을 주인공으로 우여곡절 끝에 해피 엔딩으로 끝나는 영화를 만든다면 어떤 스토리를 쓰고 싶은가? 목표를 생각하는데 하나도 설레지 않는다면 당신의 목표에 스토리를 추가해 보자.

스토리는 당신이 목표를 달성하기 위한 프로세스다. 이를 통해서 목표가 보다 명확해지고 매력적으로 바뀔 것이다.

'스토리를 만든다'고 해서 어렵게 생각할 필요는 없다. 당신이 좋아하는 옛이야기를 참고로 하면 되니까.

예를 들어 서유기, 아기 돼지 삼형제, 미운 오리 새끼, 신데렐라 등 어렸을 때에 읽고서 '재밌다', '참 좋다'고 느꼈던 이야기를 참

고한다.

스토리는 '① 시작 ② 중간 ③ 끝', 이렇게 세 가지로 구성한다.

1 시작

'시작'은 현재 당신이 떠안고 있는 고민거리나 과제에 해당한다. 당신의 현재 상태를 언어화해 보자.

신데렐라를 예로 들면 '신데렐라는 새 엄마와 새 언니들에게 괴롭힘을 당하며 비참한 생활을 보내고 있었다'가 '시작'에 해당한다.

2 중간

'중간'은 당신이 변하는 데 '계기'가 되는 사건이다. 당신의 꿈과 목표를 실현시키는 '계기'에 해당하는 경험이나 이벤트가 있다면 어떤 것일까?

신데렐라의 경우는 '어느 날, 신데렐라는 마법사의 도움으로 무도회에 갔다. 그런 신데렐라를 보고 왕자가 첫눈에 반한다. 하지만 신데렐라는 마법이 풀리는 자정 12시까지 집에 돌아와야 했고 급히 서두르다 그만 성 계단에 유리 구두 한 짝을 흘리고 만다. 그 유리 구두로 왕자는 신데렐라를 찾아낸다'가 '중간'에 해당한다.

③ 끝

스토리의 '끝', 즉 목표를 달성했을 때에 당신은 어떤 기분을 맛보고 싶은가? '끝' 부분에서는 당신이 생각하는 '해피 엔딩'을 구체화한다. 만일 '해피 엔딩'을 그리기 어렵다면 '어떤 기분'을 느껴 보고 싶은지를 상상하는 것부터 시작한다.

신데렐라의 경우는 '신데렐라는 사랑하는 왕자와 결혼해서 공주로 행복한 삶을 보내게 됐다'가 '끝'에 해당한다.

내가 진행하는 세미나에서는 지금의 당신이 그리는 미래와 다른 스토리를 만든다. 그러면 그 순간 다른 미래로 힘차게 날아오를 수 있다. 당신의 목표에 스토리를 추가하는 것만으로 즐거운 마음으로 힘차게 날아오를 '원대한 목표'를 더 많이 세울 수 있다.

2. 당신의 바람을 그림이나 사진 콜라주, 동영상으로 만든다

목표 도달 이미지에 그림이나 사진을 더하면 더욱 생생해진다. 잡지, 팸플릿, 인터넷 등을 통해서 마음에 드는 영상이나 사진을 수집해 보자. 그리고 수집한 자료를 노트에 붙이거나 화이트보드처럼 벽에 붙여 두고 매일 보면 좋다.

예를 들어 '하버드 대학으로 비즈니스 유학을 떠나서 세계 각국의 차세대 지도자와 당당히 토론을 벌인다'는 목표를 세웠다고 하자. 이 경우에는 보스턴의 가로수길이나 하버드 대학교의 교정, 교수, 학생들이 찍힌 사진을 찾아서 노트나 벽에 붙인다. 졸업식 사진도 좋다.

그림이나 사진을 찾을 때는 '목표를 달성했을 때의 장소'와 가까운 것을 선택한다. 또한 여러 장의 사진을 영상으로 만들어 자투리 시간이나 출퇴근길에 재생해서 보는 것도 이미지를 구체화하는 데에 도움이 된다.

그림이나 사진, 동영상을 활용해서 목표 도달 이미지를 명확히 하고 '언제, 어디에서, 어떤 사람과 어떤 일을 하고 싶은지'를 흑백이 아닌 다채로운 색상과 소리, 냄새, 몸으로 느끼는 감각, 자세, 호흡, 기분 등과 함께 자세히 그리면 보다 생생하게 이미지화할 수 있다.

이미 목표를 달성한 사람을 조사하고 직접 만나서 이야기를 듣는 것도 생생하게 이미지화하는 데에 큰 도움이 된다.

'원대한 목표'를 세우면 미루기 습관을 없앨 수 있다. 재차 언급하지만 '원대한 목표'는 이미지화 작업이 제일 먼저다. 이것이 포인트다.

원대한 목표를
목적으로 삼아서는 안 된다

힘차게 날아오를 '원대한 목표'를 세우는 데 있어서 한 가지 더 중요한 것이 있다. 바로 힘차게 날아오를 목표를 목적으로 삼아서는 안 된다는 점이다.

왜냐하면 목표는 수단에 불과하기 때문이다.

목표란 목적을 달성하기 위한 스텝, 즉 프로세스다.

어디까지나 '목적'을 달성하기 위해서 지향해야 할 행동과 가야 할 길을 제시하는 것이다.

힘차게 날아오를 원대한 목표를 세우고 그것을 실현하기까지 시간이 걸리는 것은 당연한 일이다. 그런데 걸리는 시간이 길면 길수록 '도대체 뭘 위해서 하는 거지?'라며 목적을 잃는 경우가 많다. 수단에 지나지 않는 목표에 얽매여 목표의 노예로 전락할 위험이 도사리고 있는 것이다.

어느 날, 한 경영자가 "제가 정말로 하고 싶은 일을 찾고 싶습니다."라며 상담을 받으러 왔다. 이 경영자는 얼마 전에 스포츠카를 구입했다고 한다. 카탈로그를 보거나 스포츠카가 달리는 영상을 보고 있으면 기분이 날아갈 것처럼 좋았기 때문이다.

그런데 동경의 대상이었던 스포츠카를 실제로 손에 넣었는데 '어? 뭔가 이상하네. 내가 기대했던 거랑 다른데' 하는 생각이 들었다고 한다. 스포츠카를 샀지만 기대했던 것만큼 감동적이지 않아서 6개월도 채 되지 않아 처분하고 말았다.

이제까지 '언젠가 꼭 한번 타보고 싶다'는 명확한 목표가 있었기에 회사 경영도 그토록 열심히 해 왔는데 김이 빠진 것처럼 앞으로의 삶의 방향을 잃어버린 기분이라며 나를 찾아온 것이다.

이는 비단 이 경영자에게만 국한된 이야기가 아니다.

이제까지 나는 수많은 사람들의 목표 실현을 도왔는데 그들 중에는

◆ 올림픽에서 금메달을 따고 싶다.
◆ 전국 대회에서 우승하고 싶다.
◆ 베스트셀러 작가가 되고 싶다.
◆ 여배우로 활약하고 싶다.
◆ 톱 모델이 되고 싶다.
◆ 업계 최고가 되고 싶다.
◆ 지역에서 제일 유명한 가게가 되고 싶다.

- 상점을 전국적인 규모로 키우고 싶다.
- 해외에서 러브콜을 받는 강연자가 되고 싶다.
- 녹립해서 회사를 차리고 싶다.
- 해외로 이주하고 싶다.
- 스카우트 제의를 받아서 이직하고 싶다.

등의 다양한 목표를 가진 사람들이 있었다.

이는 '목표'지 '목적'이 아니다.

미루는 행동 자체는 힘차게 날아오를 '원대한 목표'를 세우면 없앨 수 있다. 하지만 힘차게 날아오를 목표를 세우는 것만으로 미루기 습관을 없앨 수는 있어도 앞에서 예로 들었던 경영자처럼 '어? 힘차게 날아오를 목표를 달성했는데 기분이 왜 이러지?' 하는 상태에 빠질 가능성이 있다.

그렇게 되지 않으려면 어떻게 해야 할까?

목표를 세운 후에

- 그 목표를 달성함으로써 당신은 어떤 미래를 손에 넣고 싶은가?
- 왜 그 목표를 달성하고 싶은가?

를 생각해야 한다.

예를 들어 올림픽에서 금메달을 따고 싶은 목적은 사람에 따라서 매우 다양하다.

- 부모님께 효도하고 싶다.
- 스폰서를 확보해서 경제적으로 자립하고 싶다.
- 사람들의 주목을 받고 싶다.
- 응원해 준 사람들에게 보답하고 싶다.
- 같은 종목의 선수들이 늘어났으면 좋겠다.
- 자신이 세운 메달 기록을 경신하고 싶다.

그런데 목적이 명확하면 힘차게 날아오를 원대한 목표를 세울 때에 진심으로 어떻게 하고 싶은지 자신의 속마음을 더 잘 이해하게 된다. 그리고 목표 달성에 가까이 다가가려는 행동 하나하나를 판단하고 결단을 내릴 때에 마음이 흔들리지 않는다. 즉 목적에 맞춰서 곧바로 선택하고 행동으로 옮길 수 있다.

그렇다고 어렵게 생각할 필요는 없다. 목적이란 그 사람의 가치관에서 우러나오는 것이다. 가치관은 당신 나름의 판단 기준이자 행동 지침이다. 당신이 중요하게 생각하는 것을 가리킨다. 즉 당신이 중요하게 생각하는 것을 알면 목적은 명확해지고 목표를 더욱 빛나게 할 수 있다.

그렇다면 자신이 소중하게 생각하는 것을 찾으려면 어떻게 해야 할까?

나는 목표 실현 전문가로 활동하며 수많은 사람들을 도와 왔다. 그 경험에서 인간의 가치관은 크게 세 가지로 분류된다는 것을 알게 됐다.

만일 당신은 우선순위를 정하라고 하면 어떻게 하겠는가?

일단 '첫 번째는 이것, 두 번째는 이것, 세 번째는 이것'처럼 임시적인 순서를 붙이는 것부터 시작해 보자. 당신이 과거에 즐거웠거나 보람찼거나 성취감을 느꼈던 상황을 떠올려 보면 서서히 보일 것이다.

자신의 가치관을 알고 목적을 명확히 함으로써 힘차게 날아오를 원대한 목표를 좀 더 쉽게 이미지화할 수 있게 해 보자.

세 가지 가치관

1 **타인과의 관계**	• 고객에게 '고맙다'는 칭찬을 듣는다. • 팀원 모두와 함께 목표를 달성한다. • 상사에게 인정받는다. • 동료나 부하에게 존경받는다. • 인연이 넓어진다. • 웃음이 전염된다.
2 **성취감**	• 수치 목표 달성 • 신기록 달성 • 기획서 통과 • 계약 성사 • 자격 취득 • 승진 혹은 승급
3 **기술 추구**	• 독창성, 오리지널리티 • 스킬 업, 기술을 닦는다. • 독보적 연구 • 기술 개발, 연구, 개선

여섯 가지 분야에서
날아오른다

"힘차게 날아오를 원대한 목표를 생각하기 시작했더니 너무나 많은 것들이 떠올랐어요!"

간혹 이렇게 말하는 사람이 있다. 상당히 좋은 반응이다. 그만큼 자기 자신을 심하게 억누르고 있었다는 증거이므로 '정말로 하고 싶은 것'을 마음껏 종이에 써 보자.

'힘차게 날아오를 원대한 목표'를 다 적었으면 그다음으로는 아이디어를 자세하게 조사한다. 종이에 적은 것들을 다음에 나오는 여섯 가지 항목에 따라 분류해 보자.

막상 분류를 해 보면 '이건 인간관계와 심신의 건강 중에 어느 쪽으로 분류하면 좋을까?', '이건 어느 항목에도 해당되지 않는 것 같은데' 등 애매한 경우도 있을 것이다.

분류에는 '옳다', '그르다'처럼 정답이 없으니 애매모호해서 망설여진다면 자신의 느낌에 따라 나누자. 여기서는 목표를 정확하게 분류하는 것이 목적이 아니다. 어디까지나 목표가 회사 일이

힘차게 날아오를 원대한 목표 - 여섯 가지 분류

1. 일과 사회 공헌
- 발명해서 특허를 딴다.
- 비영리 단체를 세운다.
- 사장이 된다.

2. 금전과 물질
- 포르쉐를 탄다.
- 연 수입 3억 원, 자산 10억 원
- 타고 싶을 때에 주저 없이 모범택시를 탄다.

3. 시간
- 주 2회는 가족과 저녁식사를 한다.
- 매일 1시간은 취미 활동을 한다.
- 매일 아침 5시에 일어나 공부하고 조깅한다.

4. 인간관계
- 다른 업종과의 교류회를 개최한다.
- 에게해를 둘러보는 크루즈 여행을 가족과 함께 간다.
- 이상형과 결혼한다.

5. 심신의 건강
- 필라테스를 시작한다.
- 매일 아침 15분 마인드풀니스(mindfullness) 명상을 실천한다.
- 스무 살 때의 체형과 체중을 유지한다.

6. 배움과 취미
- 마라톤 완주에 참여한다.
- 서예에 도전한다.
- 영어검증시험 1급을 딴다.

나 개인적인 일 등 어느 한쪽으로 치우치지 않기 위해서 분류하는 것이다.

여섯 가지 항목으로 분류해 보고 어떤 점이 눈에 띄었는가?

회사와 관련된 항목이 대부분이고 그 외의 항목으로 분류할 수 있는 것이 몇 개밖에 없었다는 사람, 혹은 심신의 건강으로 분류할 만한 것이 전혀 없었다는 사람, 전반적으로 잘 모르겠다는 사람 등 다양할 것이다.

여기서는 골고루 잘 분포된 분류가 최종 목표가 아니다. 그러니 분류해 본 결과에 만족할 수 없다며 실망하지 않아도 된다.

이 여섯 가지 분류는 '현재 당신의 흥미와 관심이 어디에 있는지'를 측정하는 척도 중 하나다. 현재 일이 잘 풀리는 사람은 1번의 '일과 사회 공헌' 항목이 많을 것이다. 또한 만남, 인연, 인간관계에서 운이 좋은 사람은 4번의 '인간관계' 항목이 많을 것이다. 각 항목에 해당하는 개수가 많다고 좋거나 적다고 나쁜 것이 아니니 걱정하지 않아도 된다.

개수가 적은 항목의 경우에 그만큼 당신의 흥미와 관심이 없다는 것을 의미할 뿐이다. 반대로 말하자면 그 항목은 성장의 여지가 있다는 뜻이다. 그리고 개수가 많은 항목은 당신의 관심 분야라고 볼 수 있다.

중요한 것은 지금까지의 '과거'가 어떠했느냐가 아니라 앞으로의 '미래'를 향해서 어떻게 하고 싶으냐다.

우선 목표 개수가 확연히 적은 항목에 대해서 당신이 '하고 싶은 것, 갖고 싶은 것, 달성하고 싶은 것, 느껴 보고 싶은 것' 등을 생각나는 대로 종이에 적어 보자.

만일 아무 생각도 나지 않는다면 '절대로 하고 싶지 않은 일, 싫은 일, 피하고 싶은 일, 갖고 싶지 않은 것, 두 번 다시 경험하고 싶지 않은 일' 등 싫은 것부터 종이에 써 본다. 그런 다음 그것의 반대되는 것을 적어 보면 하고 싶은 것을 쉽게 발견할 수 있을 것이다.

대략 각 항목별로 하고 싶은 것을 15개 이상 적으면 그다음 단계로 넘어간다. 그리고 각 항목별로 '꼭 달성하고 싶다', '실현하면 얼마나 좋을까?' 하는 베스트 3를 선정한다.

일곱 가지 질문으로
힘차게 날아오를 목표를 키워 나간다

자, 이제 각 항목의 목표 베스트 3가 갖춰졌다. 당신은 이 베스트 3를 보고 어떤 느낌이 들었는가? 그리고 어떤 생각이 들었는가?

'나와 잘 맞는 것 같다', '감을 잡았다'는 사람이 있는가 하면 자신이 진심으로 하고 싶은 일, 자신이 쓴 목표가 너무 평범해서 실망한 사람도 있을 것이다.

목표는 한 번에 정하지 않아도 된다. 힘차게 날아오를 원대한 목표가 생각나지 않는다고 실망하거나 '나는 못 하겠다'라며 우울해하지 말자.

일단 어떤 목표 하나를 '전선 기지'라고 생각한다. 그리고 그 '전선 기지'부터는 포복 전진하면서 한 발씩 착실하게 목표를 닦아 나간다. 목표를 잘 닦아서 빛나게 만들면(brush up) 언젠가 자신의 기대를 훨씬 뛰어넘는 원대한 목표에 도달할 수 있을 것이다.

당신의 일생을 결정짓는 목표인데 짧은 시간 안에 못 찾는 것은 어떤 의미에서 당연한 일이다. 그러니 꼬박 하루를 다 바쳤는데도 전혀 감이 안 온다며 실망해서 그만두는 일은 없었으면 좋겠다.

쉽고 얕은 무난한 목표는 추구할 것이 못 된다. 초조해할 필요가 전혀 없다.

이제부터는 목표를 잘 닦아서 빛나게 하는(brush up) 일곱 가지 방법에 대해서 소개하겠다.

만일 '감이 잘 안 온다'는 사람이 있다면 이 방법을 통해서 지금 종이에 적은 힘차게 날아오를 목표를 열심히 닦아 보자.

단, '힘차게 날아오를 원대한 목표를 찾지 못하는 한 행동하고 싶지 않다'는 것만은 삼가도록 하자. 목표 설정이 또 다른 미루기의 원인이 될 뿐이니까.

목표를 열심히 닦아서 빛나게 하는 것은 '오늘을 마무리하기 전까지, 잠들기 전까지 가능한 한 가장 최선의 상태를 만들자'는 것임을 명심하자. 즉 시간에 따라서 한 번씩 끊고 그때그때 최선의 원대한 목표에 가장 가까워지려고 행동하는 것이다.

일곱 가지의 질문

1	목표를 실현했다면 그다음은 어떤 것을 실현하고 싶은가?
2	그 목표를 실현해서 어떤 가치를 느끼고 싶은가?
3	절대로 실패하지 않는다면 어떻게 하고 싶은가?
4	반드시 성공한다면 어떻게 하고 싶은가?
5	만일 오늘이 인생의 마지막 날이라면 뭘 후회할 것 같은가? 그렇게 되고 싶지 않다면 실제로 어떻게 됐으면 좋겠는가?
6	당신의 롤모델은 어떻게 할까?
7	진심으로 어떻게 하고 싶은가?

제2장

행동 이노베이션으로 대혁신을!

깜짝 놀랄 만큼 행동력이 향상된다

여기까지 읽고 미루기 습관을 없애려면 어떻게 해야 할지 대충 감을 잡았는가? 또는 미루기 습관을 없앨 수 있다는 자신감이 생겼는가?

이번 장에서는 단 3분 만에 미루기 습관을 없애는 방법을 소개하고자 한다.

하루에 한 페이지씩, 당신의 생각이나 느낌 등을 종이에 적는 것만으로도 미루는 빈도가 확연히 줄어들 것이다.

미루기 습관을 줄이려면 자기 자신을 비춰 볼 거울이 필요하다.

아침에 일어나 흐트러진 머리를 정리하듯이 지금의 상태를 거울에 비추어 살펴보고 뻗친 곳에 빗질을 해야 한다.

미루기는 습관일 뿐이다. 자신에게 어떤 사고와 감정의 버릇(=패턴)이 있는지를 파악하고 고치면 된다. 사람은 매일 고쳐도 또다시 새로운 버릇이 생긴다. 그래서 매일 점검하고 정돈해 나가야 한다.

이때 자기 자신을 비춰 볼 거울이 바로 '행동 이노베이션 노트'다.

거울을 보면 흐트러진 머리만이 아니라, 자신이 얼마나 피곤한지, 피부 상태는 어떤지, 기분이 좋은지 나쁜지 등을 알 수 있다.

행동 이노베이션 노트를 매일 습관화하면 당신의 상태를 점검해 진심으로 하고 싶은 일을 뒤로 미루지 않고 실천하기 위한 준비와 정리를 할 수 있다.

행동 이노베이션 노트는 미루기 습관을 없앨 수 있는 최고의 방법이다.

바로 시작해 보자.

목표를 향해 행동하고 싶어지는 '행동 이노베이션 노트'

1장에서 소개했던 '힘차게 날아오를 원대한 목표'를 북극성처럼 기준으로 삼으면 매일 조금씩 뒤로 미루기를 없앨 수 있다.

그러나 시시각각 변하는 매일의 일상과 회사 업무에 시달리다 보면 목표를 잊어버리거나 결심이 흔들리는 경우가 있다.

그래서 내가 제안하는 것이 바로 '행동 이노베이션 노트'다.

3분의 습관이 당신을 설레게 하고 굳이 행동하려고 마음먹지 않아도 저절로 움직이는 당신으로 바꿔 놓을 것이다.

단, 이때 중요한 것은 적는 습관을 멈추지 말아야 한다는 것이다. 메모지든 뭐든 상관없지만 일단 노트를 하나 만들면 일관성이 생겨서 반복적으로 실천하기 쉽다.

노트는 하루에 한 페이지씩, 노트를 펼쳤을 때에 이틀치가 한눈에 들어오도록 사용한다. 또한 매일 정해진 시간에 정해진 장소에서 적는 것이 중요하다.

특히 아침 시간, 그것도 회사 업무나 가사 등으로 매일 해야 하

자신의 기호에 맞는 노트를 선택한다.

는 일에 방해받지 않는 시간대를 유용하게 활용하는 것이 좋다.

꿈을 실현한 대부분의 사람들은 하루 업무를 시작하기 전에 '자신에게 중요한 것'을 생각하는 시간을 확보한다.

인간의 뇌는 잠들어 있는 동안 정보를 처리하기 때문에 눈을 뜬 아침 시간이 오히려 처리하지 못한 정보가 없는 깨끗한 상태가 된다. 그리고 아침에는 뇌에 처리해야 할 정보가 축적되기 전이라 피곤하지도 않다. 그렇다면 뇌가 제일 깨끗하고 맑은 시간대를 당신의 인생에서 가장 소중한 것을 생각하는 데 쓰는 것이 좋지 않을까?

또한 인간의 뇌는 무의식중에 하루에 무려 7만 번의 사고를 거듭한다고 한다. 즉 제일 이른 아침 시간에 행동 이노베이션 노트를 적으면 하루의 출발을 창의적인(creative) 상태에서 시작할 수 있다. 그러면 7만 번의 사고도 '힘차게 날아오를 원대한 목표'를 실현하는 데에 가까이 다가가는 방향으로 수월하게 통일될 것이다.

우선 아침에 일어나서 업무를 시작하기 전에 매일 3분, 시간과 장소를 미리 정해 두자.

◆ 아침에 일어나 이를 닦은 후 거실 테이블
◆ 아침 식사 후 식탁
◆ 출근길 지하철 안
◆ 출근하기 전 회사 근처 카페
◆ 출근 직후 사무실 책상

이처럼 당신에게 맞는 규칙적인 시간과 장소를 찾는다.

어떤 행동을 습관화하기 위해서 성공한 사람들의 대부분은 행동을 '자신이 좋아하는 일'이나 '일상'과 연관 짓는다.

예를 들어 '올해 안으로 자격증을 따고 싶다'는 생각이 들어도 매일의 업무와 취미 등에 시간을 빼앗겨 시험공부를 제대로 못했다고 하자.

이럴 때는 만일 조용한 카페에서 커피 마시는 것을 좋아한다면 시험공부와 마음에 드는 카페를 연관 짓는다. 즉 마음에 드는 카페에 들어가 커피를 마시면서 시험공부를 하는 것이다.

향긋한 커피는 당신에게 '쾌락'의 감정을 줄 것이다. 그리고 이제까지 미뤘던 시험공부도 '쾌락'과 연결되는 의식의 변화가 생기기 시작할 것이다. 이렇게 되면 시험공부가 '즐기면서 할 수 있는 것'으로 바뀐다.

'일상'과 연관 짓는 것도 그리 어렵지 않다.

예를 들어 토익 시험을 준비 중이라면 '아침에 일어나 화장실에 갔을 때 반드시 영어 단어 한 개를 외우고 나온다', '목욕하면서 영어회화 CD를 틀어 놓고 따라 말한다'처럼 일상생활과 연관 짓는다.

화장실 가기, 이 닦기, 목욕하기 등은 매일의 일상에서 빼놓을 수 없다. 새로운 행동을 시작할 때는 현재 습관화된 행위와 연관 지으면 쉽게 몸에 배게 할 수 있다.

노트 첫 페이지에
원대한 목표를 적는다

행동 이노베이션 노트를 시작하기 전에 가장 먼저 해야 할 일은 1장에서 세운 원대한 목표를 노트 첫 페이지에 적는 것이다. 즉 '목표 페이지'를 만드는 것이다.

원대한 목표를 노트에 적으면 목표를 보다 '객관적'으로 바라볼 수 있다. 또한 글로 적으면 사기 자신과 대화하기 쉬워진다.

목표를 적을 때는 다음의 세 가지 포인트에 주의한다.

1 목표가 어느 한쪽으로 치우치지 않도록 여섯 가지 분야로 분류한다.
2 가치관의 우선순위를 확인한다.
3 상징적인 사진을 붙이든가 그림을 그려 넣는다.

땅에 씨앗을 뿌리기만 하면 자동적으로 싹이 나는가? 씨앗이

자라서 싹을 틔우고 예쁜 꽃을 피우려면 물도 주고 거름도 주고 가지를 쳐 주는 등 잘 돌봐야 한다. 즉 목표라는 씨앗도 뿌린다고 끝이 아니다. 매일 정성껏 돌봐야 한다.

힘들지 않으니 지레 겁먹지 말자.

매일 아침에 일어나 '목표 페이지'를 보고 목표를 키워 나가면 된다.

그리고 그때그때 목표를 추가하거나 수정해서 목표 버전을 업그레이드해 나간다.

다시 펼쳐 봤을 때에 두근거리는 '목표 페이지'를 만든다

'목표 페이지'를 만들었으면 그다음은 '목표 페이지'에 그린 이미지를 구체화할 재료를 수집한다. 예를 들어 다이어트에 성공해서 멋진 옷가게에서 지금보다 작은 사이즈의 세련된 옷을 입어보고 기분 좋게 주말을 보내고 싶다고 하자. 이 경우에는 패션 거리를 담은 영상을 수집하고 '이렇게 멋진 곳을 걷다가 세련된 옷가게에 들어가자'라며 이미지를 구체화한다.

또는 토익 900점을 따서 해외 영업 담당자가 되어 세계 각국을 누비며 일하고 싶다고 하자. 이 경우에는 유튜브의 비즈니스 영어회화를 보면서 영어로 비즈니스 프레젠테이션을 하는 장면을 떠올리는 등 이미지를 구체화한다. 만일 캐나다로 출장을 가고

싶다면 밴쿠버 거래처의 외관 사진을 수집하는 것도 좋다.

'목표 페이지'만이 아니라 하고자 하는 '기분'을 북돋는 사진, 영상, 음악 등을 수집해 뒀다가 그때그때마다 찾아보는 것도 좋다.

누군가의 성공담을 읽는 것도 자신을 설레게 하는 방법으로 상당히 효과적이다. 이때는 '성공을 통해서 뭐가 바뀌었는지'에 관한 부분을 주목해서 읽는 것이 중요하다. 즉 성공담의 비포와 애프터 중에서 애프터에 해당하는 부분이다.

예를 들어 자격시험 공부를 더 이상 뒤로 미루지 않고 싶다고 하자. 이런 경우에는 시험공부 방법을 블로그에 공개한 사람이나 자격증을 취득해서 성공한 사람의 체험담을 읽어 본다.

'자격시험 공부를 통해서 자신감이 생겼다.'
'사내에서 자율 스터디를 시작했다.'
'회사 밖의 사람들과 네트워크가 생겼다.'

이처럼 성공한 사람의 애프터에는 공부 방법만이 아니라 당신이 공감할 수 있는 뭔가가 담겨 있을 것이다. 실제로 성공한 사람들이 느꼈던 생생한 감정이나 그들의 생각을 접해 보면 설레는

목표 페이지

하버드 대학교 졸업

---

1. 일과 사회 공헌

- 두 장짜리 명함을 갖는다.
- 내 이름으로 책을 출판한다.
- 우리나라의 대표가 된다.

---

2. 금전과 물질

- 경비행기의 오너가 된다.
- 퍼스트 클래스를 타고 가족 여행을 떠난다.
- 크루저를 소유한다.

---

3. 시간

- 매년 2주일 동안 장기 휴가를 낸다.
- 연간 100편의 영화를 본다.
- 회사에서 15분 이내의 가까운 곳에 산다.

---

4. 인간관계

- 1년 동안 가족끼리 세계 일주를 한다.
- 지역 자원 봉사에 참여한다.
- 초등학교 동창회의 간사 역할을 맡는다.

---

5. 심신의 건강

- 식스팩을 만든다.
- 철인 3종(트라이애슬론)을 시작한다.
- 마크로비오틱을 배운다.

---

6. 배움과 취미

- 독일로 단기 유학을 떠난다.
- 인도에 가서 본격적으로 요가를 배운다.
- 대학원에서 MBA를 딴다.

마음이 한층 더 요동칠 것이다.

'목표 페이지'를 만들었다면 그다음은 '데일리 페이지'를 만들 차례다.

단 3분, 행동 이노베이션을 시작하는 방법

매일 적는 '데일리 페이지'는 노트의 한쪽 페이지를 열십자(十) 모양의 선을 그어 네 칸으로 나눠 만든다. 그런 다음 1~6번의 순서대로 적는다. 다 적는 데 3분이면 끝나도록 습관화한다.

① 어제 하루 중에 기뻤던 일, 감사했던 일, 좋았던 일을 세 가지, 왼쪽 위 칸에 적는다.

② 세 가지를 적어 보고 새롭게 깨달은 점이나 느낀 점을 오른쪽 위 칸에 적는다.

여기까지 1분이 소요된다. 익숙하지 않을 때는 타이머로 시간을 재는 것도 좋다.

③ 노트 맨 앞의 목표 페이지를 10초간 살펴본다.

④ '오늘 하루 동안 목표를 실현하기 위해서 진심으로 어떻게 하고 싶은가?' 자문하고 하고 싶은 것을 생각나는 대로 왼쪽 아래 칸에 적는다.

자신이 '하고 싶은 것'을 확인했다면 오늘 하루를 마감할 때의 가장 바람직한 상태를 상상해 본다.

여기까지 2분이 소요된다.

5 각각의 하고 싶은 것에 대한 10초 액션을 오른쪽 아래 칸에 적는다.

10초 액션은 자신이 바라는 이상적인 모습을 실현하기 위해서 구체적으로 도전하는 행동을 가리킨다. 여기까지 3분이 소요된다.

6 마지막으로 10초 액션, 또는 하고 싶은 것을 실행했다면 그때마다 완료했다는 의미로 빨간 펜으로 선을 긋는다.

이런 식인데 하나씩 자세하게 설명하겠다.

1 왼쪽 위 칸에 어제 하루 중에서 기뻤던 일, 감사했던 일, 좋았던 일을 세 가지 적는다.

어제 하루를 되돌아볼 때는 회사 업무만이 아니라 개인적인 일도 상관없다. 뭐든지 괜찮다. 보통 '어제 하루를 되돌아보라'고 하면 반성의 명목으로 잘못한 점을 지적하는 사람들이 많은데 여기서는 긍정적인 방향으로 어제 하루를 떠올려 보는 것이 포인트다.

잘못한 점은 일단 지적하기 시작하면 한도 끝도 없고 무능한 자신의 모습과 단점만 눈에 띈다. 부정적인 생각을 하나둘씩 늘어놓다 보면 줄줄이 사탕처럼 부정적인 일만 떠오르기 때문이다.

이러면 '어차피 나는 못해', '도전해 봤자지'라며 미루는 행동을 없애기 어렵다.

이에 반해 긍정적인 생각을 하나둘씩 늘어놓다 보면 긍정적인 일만 줄줄이 떠오른다.

아주 사소한 것이라도 자신이 할 수 있는 것을 알게 되면 '어쩌면 나도 할 수 있을지 몰라', '다음엔 이렇게 해 보자' 등 다음 단계로 뛰어오를 아이디어와 에너지가 샘솟는다.

이런 긍정적인 사고를 습관화하는 가장 간단한 방법은 오늘 하루를 되돌아보고 '기뻤던 일, 감사했던 일, 좋았던 일'을 적는 것이다. 크든 작든 상관없다. 사소한 일이라도 별 볼 일 없는 일이라도 긍정적으로 생각하는 것부터 시작해 보자.

심신이 지치거나 힘들 때는 '좋은 일이 하나도 없다'며 우울해지기 마련이다. 이때는 긍정적인 사고가 어렵다.

이럴 때에 내 고객들 중에는

◆ 맛있는 아이스크림을 먹었다.

◆ 친구에게 라인(LINE)으로 메시지가 왔다.

◆ 지하철에서 앉았다.

같은 '지극히 평범하고 사소한 일'을 떠올리는 사람이 있는가
하면

◆ 편의점이 있어서 한밤중에 과일을 사 먹었다.

◆ 청소해 주는 분이 계셔서 회사 화장실을 기분 좋게 이용했
다.

◆ 길가에 핀 예쁜 꽃 덕분에 기분이 좋아졌다.

같은 '일상의 당연한 일'에 감사의 마음을 적는 사람도 있다.

이처럼 긍정적으로 어제의 일을 되돌아보면 사고 습관의 변혁
이 시작된다.

인간은 긍정적인 사고와 부정적인 사고 중에 어느 한쪽으로 치
우치는 경향이 있는데, 같은 일이라도 긍정적인 방향으로 받아들
이면 몸이 움직인다. 즉 긍정적으로 사고하는 습관을 가진 사람
은 미루기 습관을 보다 쉽게 없앨 수 있다.

부정적인 사고는 남의 탓, 환경 탓, 재능 탓 등 지금 당장 자신

이 바꿀 수 없는 것을 원인으로 돌리기 마련이다. 이렇게 되면 노력할 여지가 없다는 생각에 행동과는 점점 멀어질 수밖에 없다.

어쩌면 이렇게 말하는 사람도 있을 것이다.

◆ 나는 태어날 때부터 부정적인 생각만 해서 긍정적으로 생각할 수 없다.
◆ 늘 비판하고 부정하는 환경에서 자란 탓에 긍정적으로 받아들이기 어렵다.
◆ 오랫동안 비판적인 사고만 했는데 이제 와서 긍정적인 사고를 하라니 불가능하다.

하지만 긍정적인 사고도 부정적인 사고도 '같은 것을 어느 각도에서 보느냐', 즉 바라보는 위치와 시점의 차이에 지나지 않는다. 따라서 당신이 의식적으로 연습하면 얼마든지 바꿀 수 있다.

'아무리 연습해도 긍정적으로 받아들이지 못하고 무의식중에 부정적인 사고를 하고 만다'는 사람에게는 비책이 있다. 내 고객 중에 '미스 투덜이'라 불렸던 사람이 있다. 그만큼 뭐든 부정적으로 받아들이기로 유명한 여자인데 이 사람조차 변화시킨 방법이다.

바로 사실을 '있는 그대로' 중립적으로 받아들이는 것이다.

주변에 일어난 일을 어떤 기대나 평가, 감정 없이 '있는 그대로' 받아들이면 긍정과 부정 중에 어느 쪽으로 반응할지 혹은 해석할지를 스스로 선택하게 된다.

예를 들어 절반 정도까지 진행된 목표를 두고 '반이나 했다', '반밖에 못했다'처럼 주관이 개입되기 전에 '목표는 절반까지 진행됐다'라고 있는 그대로 중립적으로 받아들이면 의식적으로 긍정적인 해석을 선택할 수 있다.

② 왼쪽 위 칸에 적은 세 가지를 보고 새롭게 깨달은 점이나 느낀 점을 오른쪽 위 칸에 적는다.

자신의 사고나 감정을 종이에 적는 행위는 머릿속을 '가시화'하는 것으로 기분까지 말끔해진다.

또한 이는 자신의 생각을 자신에게서 떼어 놓는 행위이기도 하다. 그래서 자기 자신과 대화를 나누거나 객관적으로 분석하는 효과가 생긴다. 즉 자신이 쓴 글을 냉정하게 바라봄으로써 자신의 감정과 사고, 행동을 객관적으로 분석하는 것이다. 이를 '메타인지(meta-cognition)'라고 한다.

행동 이노베이션 노트는 누구라도 간단하게 '메타 인지'를 실천할 수 있도록 일부러 두 번이나 과거를 되돌아보게 한다. '세 가지를 적어 보고 새롭게 깨달은 점이나 느낀 점'을 적는 두 번째 회상을 통해서 누구나 '메타 인지'가 가능해진다.

'메타 인지'에는 정답이 없다. 그저 당신이 느낀 점이나 생각한 것, 혹은 평소에 굳이 말로 표현하지 않았어도 머릿속에 떠올랐던 생각이나 기분을 그대로 적는다.

평소 주변의 반응이나 분위기를 읽는 데 익숙한 사람에게는 자신의 생각을 적는 게 오히려 어려울 수도 있다. 그런데 행동 이노베이션 노트는 타인에게 보여 주기 위한 것도 아니요, 평가와 비판의 대상도 아니다. 따라서 안심하고 그때그때 당신이 느꼈던 속마음을 적는다.

여기서는 머릿속에 있는 자신의 감정과 사고를 밖으로 꺼내는 행위(out-put)가 중요하다.

요즘처럼 정보가 흘러넘치는 시대에는 자칫하면 스마트폰이나 컴퓨터, 각종 미디어를 통해서 다량의 정보를 수동적으로 받아들이기만(in-put) 할 수도 있다. 그러니 올바른 균형을 위해서라도 자신의 감정과 사고를 밖으로 꺼내 보자. 그러면 나쁜 감정을 훌훌 털어 버릴 수 있고 머리는 물론 기분까지도 한결 편해질 것이다.

③ 목표 페이지를 10초간 살펴보고 **④** 왼쪽 아래 칸에 '오늘 하루 동안 목표를 실현하기 위해서 진심으로 어떻게 하고 싶은가?'라고 자문해 본다. 그런 후에 나온 답을 생각나는 대로 번호를 붙여서 적는다.

원대한 목표는 세웠다고 끝이 아니다. 앞에서 언급했던 것처럼 모처럼 세운 원대한 목표이니 열심히 닦아서 빛나게 하기 위해서 매일 아침 10초만 투자하자. 더도 덜도 말고 딱 10초면 충분하다. 목표 페이지를 살펴볼 시간을 가져 보자.

나는 이 시간을 '미래 앵커링 타임'이라고 부른다. 미래를 향해서 닻을 내리고 지금의 내가 그곳을 향해 나아가는 모습을 떠올리는 시간이다. 가슴이 두근두근 설레서 '지금 당장이라도 그렇게 하고 싶은 마음'이 생기지 않는가?

미래 앵커링 타임은 '그렇게 하고 싶은 마음'이 든 상태=목표를 실현한 자신을 매일 이미지화하는 시간이다. 만일 이때 새로운 아이디어나 훨씬 더 매력적인 목표가 생긴다면 바로바로 노트에 적는다.

왼쪽 아래 칸에 '오늘 하루 동안 목표를 실현하기 위해서 진심으로 어떻게 하고 싶은가?'를 적을 때는 '반드시 해야 할 일', '해야만 하는 일'이 아니라 '목표를 실현하기 위해서 하고 싶어서 안달이 나는 일'을 생각나는 대로 적는 것이 중요하다.

행동 이노베이션 노트는 미완료된 일을 해치우기 위해서, 혹은 자기 자신을 의무감에 옭아매기 위한 또 하나의 업무노트가 아니다. 미루기 습관을 없애고 당신에게 정말로 중요한 일을 하게 해서 꿈과 목표를 실현하도록 도와주는 노트다. 그러므로 현실적으로 해야 하는 일은 잠시 접어 두자.

매일 의무감과 책임감에 쫓겨서 사는 우리는 무심코 해야 할 일만 적을 수 있으니 주의한다.

행동 이노베이션 노트를 오래 지속하지 못하는 원인은 당신이 의지박약해서도 아침잠이 많아서도 게을러서도 아니다. 진짜 원인은 노트를 적어도 즐겁지 않기 때문이다.

'오늘 반드시 해야 할 일', '해야만 하는 일'만 생각하면 노트를 펼칠 때마다 지겹다. 그러다 보면 어느 순간 노트를 펼치는 것 자체가 싫어진다.

그러니 행동 이노베이션 노트를 적는 시간은 당신이 하고 싶은 일 또는 이루고 싶은 목표 등을 떠올려 보고 종이에 끄적이는 시간이라고 생각하자. 그러면 매일 행동 이노베이션 노트를 펼치는 것이 즐겁고 자연스럽게 습관화될 것이다.

'오늘 하고 싶은 일'을 확인했다면 오늘의 '내 마음대로 베스트 3'를 떠올려 보는 것도 좋다.

- 오늘 하고 싶은 일을 모두 실행했다면 어떤 기분으로 하루를 마무리하고 있을까?
- 오늘이 내 인생에서 최고의 날이라면 어떤 하루가 될까?

이런 생각을 해 보면 이미지가 더욱 명확해진다.

또한 목표 페이지는 조금이라도 웃는 얼굴로 읽자. 왜냐하면 태도나 표정은 감정에 영향을 미치기 때문이다. 그냥 읽는 것으로는 부족하다.

직장이나 지하철 등 주변에 다른 사람이 있는 곳에서 실실 웃으면서 노트를 보는 것은 조금 그렇다는 사람은 화장실, 자기 방 등 개인 공간에서 읽는 것도 한 방법이다.

입꼬리가 살짝 올라간 '미소를 머금은 얼굴'로 읽어 보자. 대략 1밀리 정도 입꼬리가 올라가면 딱 좋다.

자연스럽게 웃는 얼굴이 아니더라도 억지로 밝은 표정을 지으면 감정이 긍정적으로 변한다. 이는 독일 만하임 대학교 (University of Mannheim) 자비네 스테퍼(Sabine Stepper) 박사의 연구를 비롯해 심리학적으로도 증명된 사실이다.

또한 눈의 움직임은 뇌의 움직임과 밀접하게 연관되어 있어서 시선이 아래를 향하면 사고가 과거를 향하거나 부정적인 감정이 떠오르고, 시선이 위를 향하면 사고가 미래를 향하거나 긍정적인 감정이 떠오른다고 한다.

그러므로 오늘 하루를 밝고 긍정적인 방향으로 이끌고 싶다면 의식적으로 시선이 위를 향하도록 해 보자.

5 각각의 하고 싶은 것에 대한 '10초 액션'을 오른쪽 아래 칸에 적는다.

'10초 액션'이란 내가 제안하는 아주 간단한 방법으로 매일 10초 동안 '자신이 이루고 싶은 모습에 가까이 다가가기 위한 간단한 행동을 취하는 것'이다.

인간의 뇌는 변화를 꺼리는 성질이 있지만 아주 미세한 변화는 조금씩 받아들이는 성질도 있다. 10초 동안의 아주 작은 행동은 변화를 꺼리는 뇌라도 반응한다.

'아니, 그렇게 짧은 10초 동안 무슨 일을 해?'라고 말하는 사람도 있을 것이다. 하지만 10초는 당신이 생각하는 것보다 훨씬 더 많은 일을 할 수 있다.

예를 들어 보자.

◈ 직장 동료에게 '고맙다'라고 말한다.

- 회의 중에 소리를 내어 웃는다.
- 느낀 점이나 깨달은 점을 메모지에 적는다.
- 자격시험 관련 서적을 가방에 넣는다.
- 업무에 관련된 책을 한 줄 읽는다.
- 천천히 심호흡한다.
- 자기 책상을 닦는다.
- 컴퓨터 바탕화면의 휴지통을 비운다.
- 기획서 표제를 정한다.
- 답변 메일을 한 줄이라도 적는다.

어떤가? 이 정도의 일이라면 할 수 있지 않은가?

10초 동안 해 보고 잘되면 굳이 10초로 끝내지 말고 그 상태로 지속한다. 그런데 만일 잘되지 않는다면 불과 10초에 지나지 않으니 곧바로 다른 방법을 시도한다.

10초라는 시간은 매우 짧아서 곧바로 행동을 취할 수 있다. 그러니 일단 바로바로 할 수 있는 액션을 생각하는 것이 중요하다.

또한 액션은 거창할 필요가 없다. '진심으로 하고 싶은 것'을 실현하기 위한 작은 행동이면 된다.

만일 이루고 싶은 모습은 명확해졌는데 그에 가까이 다가가려면 자신이 없거나 서툰 작업을 반드시 거쳐야 한다면

- '그 작업에 관련된 책을 구입한다'라고 메모지에 적고 책상에 붙인다.
- 인터넷에서 다른 사람이 시도했던 방법을 검색해 본다.
- 작업 방법을 소개한 책을 서점에서 찾아본다.

이렇게 하면 된다.

여기서 중요한 것은 작은 행동이라도 세운 목표를 향해서 전진하는 방향이어야 한다는 점이다.

10초 액션은 자그맣더라도 목표를 향한 첫발을 내딛는 것이 포인트다.

이렇게 설명해도 10초 액션이 뭔지 잘 모르겠다는 사람이 있을 것이다. 도대체 어디까지의 행동을 10초 액션으로 여겨야 할지 모르겠다며 말이다.

10초 액션은 행동을 10초 단위로 세세하게 분할함으로써 실행하기 쉽다는 효과도 있지만 기분을 말끔히 정리하기 위한 것이기도 하다.

예를 들어 미래에는 지금과 다른 일을 하며 살고 싶다는 강한

바람이 있다고 하자. 그러기 위해서 취한 10초 액션이 심호흡이라면 어떤가?

심호흡과 '원대한 목표' 사이에 무슨 관련이 있는지 의아스럽지 않은가?

그런데 여기서는 별로 깊게 생각하지 않는 것이 좋다. 심호흡은 훗날 과거를 되돌아봤을 때에 의미를 가지기 시작할 테니까.

10초 액션에서 중요한 것은 '원대한 목표'와의 명확한 관련성이 아니다. 관련성보다 심호흡을 통해서 하루를 상쾌한 기분으로 시작했다는 긍정적인 느낌이 중요하다. '긍정적인 좋은 상태'가 '좋은 결과'로 이어지니까.

6 **10초 액션, 또는 하고 싶은 것을 실행했다면 그때마다 빨간 펜으로 선을 긋는다.**

자신의 행동에 대한 피드백이 곧바로 오면 그 행동을 지속하게 만드는 동기가 더 큰 탄력을 받는다.

예를 들어 라인이나 카카오톡의 경우에 이모티콘이나 짧은 메시지로 상대방이 바로 반응하기 때문에 푹 빠져든다. 페이스북도 게시물을 올리면 곧바로 '좋아요'라는 메시지가 날아와 많은 사람들이 매일 게시물을 올리게 만든다.

이처럼 빠른 피드백을 행동 이노베이션 노트에도 활용하면 더

데일리 페이지를 적는 방법

1

어제 하루 중에서 기뻤던 일, 감사했던 일, 좋았던 일을 적는다.

2

새롭게 깨닫거나 느낀 점을 적는다.

3

오늘 하루 동안 진심으로 하고 싶은 것을 적는다.

4

10초 액션을 적는다.

행동 이노베이션 노트의 실제 사례

4월 25일

- 오오타가 업무 이외의 일로 말을
  걸어왔다. → 일부러 열심히 이야기를 들어준
  효과일지도 모른다. 기쁘다!

- 회의가 효과적이었다. → 참가자 모두가 주체적으로
  발언해 줬다.

- 골프 레슨이 즐거웠다. → 건강을 챙길 수 있는 여유가
  있다는 것에 감사한다.

- 팀플레이로 회사 사장상을 받자! → 요즘 잘나가는 고미야마에게
  일을 잘하는 요령에 대한 조언을
  부탁한다.

- 황금연휴에 떠날 가족여행
  준비완료 → 메일로 바우처를 확인한다.

- 오오타가 슬럼프를 극복할 수
  있도록 돕는다. → 아침에 내가 먼저 말을 건다.

4월 26일

• 미팅 시간에 고미야마가 참 ➔ 후배의 활약상을 질투하지 않고
  잘했다!   기뻐할 여유가 생겼다.

• 가족 모두가 여행을 기대하고 ➔ 감사하다. 기쁘다.
  있다.

• 중장기적인 목표를 조금이나마 ➔ 이런 시간을 가질 수 있어서
  생각할 수 있었다.   기뻤다.

────────────────────────────

• 팀플레이로 회사 사장상을 받자! ➔ 고미야마에게 회의 진행을
                                부탁해 본다.

• 황금연휴에 떠날 가족여행이 ➔ 첫날 점심식사를 할 지역의
  더 재미있도록 준비한다.   맛집을 인터넷으로 검색한다.

• 오늘 매출 목표량 달성!! ➔ 조금 더 분발해야 목표량을
                          달성하는 오바야시에게
                          티내지 않는다.

큰 동기를 부여할 수 있고 목표 실현을 위한 행동을 지속적으로 즐길 수 있다.

그 피드백이 바로 10초 액션을 실행했다면 빨간 펜으로 긋는 것이다. 이 방법만으로 더 큰 동기를 부여할 수 있다.

자신이 달성한 것을 '가시화'하는 작업은 자기 긍정감을 높인다는 점에서 매우 중요하다. 빨간 펜으로 선을 그으면서 조금이라도 성취감을 맛볼 수 있고 스스로 생각해서 적은 '10초 액션'을 실행함으로써 조금씩 자신감을 쌓아 나갈 수 있다.

저녁 시간에 반복하는
습관을 들이면 최강이다

사실 나는 잠들기 전에도 행동 이노베이션 노트를 적는다. 잠들기 전에 목표를 다시 한 번 정비하는 것이다.

인간의 뇌는 잠들지 않기에 수면 직전의 상태나 이미지를 반복해서 재생하는 특성이 있다. 즉 잠들기 전에 행동 이노베이션 노트를 적으면 잠이 든 상태에서도 목표 달성에 가까이 다가갈 수 있다고 해도 과언이 아니다.

그렇다고 새로운 것을 하라는 소리가 아니다. 아침에 했던 것을 저녁에 다시 한다. 그뿐이다. 즉,

1 왼쪽 위 칸에 '오늘 하루 중에 기뻤던 일, 감사한 일, 좋았던 일'을 세 가지 적는다.

2 오른쪽 위 칸에 '세 가지를 적어 보고 새롭게 깨달은 것, 느낀 것'을 적는다.

3 왼쪽 아래 칸에 '내일의 내 마음대로 베스트 3'를 상상해서 적는다

(목표 이미지나 일이 잘 풀렸을 때의 이미지를 상상하면서 그대로 잠든다).

④ 오른쪽 아래 칸에 '내일의 내 마음대로 베스트 3'를 실현하기 위한 10초 액션을 적는다.

뇌과학의 세계에서는 잠들기 전과 후를 골든타임이라고 부른다. 그래서 저녁에도 행동 이노베이션 노트를 적으면 잠든 사이에 뇌가 알아서 목표 실현을 향해서 움직이고 아침에 일어났을 때에 새로운 아이디어가 떠오르는 경우가 늘어난다. 아침 노트 쓰기가 익숙해지면 저녁 노트 쓰기도 꼭 한 번 시도해 보길 바란다.

제3장

행동 이노베이션 노트의
세 가지 실제 사례

하고 싶은 것을 실현하기 시작한 사람들이 다수 출현했다!

1장과 2장에서는 '원대한 목표'와 '10초 액션'이 어떤 것인
지에 대해서 설명했다.

그런데 실제로 힘차게 날아오를 '원대한 목표'와 '10초 액
션'을 어느 정도 수준으로 하면 되는지 잘 모르겠다는 사
람이 있을 것이다. 사람에 따라서는 간단한 것이 어렵기도
하고 어려운 것이 간단하기도 한 법이니까.

3장에서는 내가 운영하고 있는 스쿨 및 세미나에 참여했
던 세 명의 실제 사례를 소개한다. 읽어 보면 '원대한 목표'
를 세우는 것이 얼마나 간단한 일인지, '10초 액션'이 얼마
나 쉽고 효과적인지 알 수 있을 것이다.

행동 이노베이션 노트를 실천한 세 명의 노트에는 각자의
환경, 고민거리, 진심으로 하고 싶은 일 즉, '원대한 목표'
와 자신에게 꼭 맞는 '10초 액션'이 적혀 있다.

노트를 적는 것은 어려운 일이 아니다. 세 명의 노트를 통해
서 어느 정도 수준으로 하면 되는지 감을 잡아 보길 바란다.

행동 이노베이션 노트를 시작해서 두근두근 설레는 마음에 곧바로 행동을 취할 수 있다면 그야말로 금상첨화지만 '원대한 목표'가 뭔지 모르겠다는 사람이 있을 것이다.

이럴 때는 일단 떠오른 것 중에 하나를 임시 목표로 정하고 가벼운 마음으로 '행동'을 시작해 본다. 처음에는 임시로 결정하고 임시로 행동하는 것에 만족한다.

만일 행동 이노베이션 노트의 목표 페이지를 처음부터 막힘없이 잘 쓸 수 있다면 그 사람은 미루기 습관 때문에 크게 고민한 적이 없는 사람일 것이다. 실제 행동으로 옮겨 봐야 자신이 세운 힘차게 날아오를 '원대한 목표'가 자신이 진정으로 바라던 것인지 아닌지를 알 수 있다.

일단 작은 행동이라도 좋으니 움직여 본다. 노트에 적은 '원대한 목표'가 자기 자신과 잘 맞지 않는다면 수정하고 다시 잘 닦아서 빛나게 만들면(brush up) 된다.

우선 가벼운 마음으로 조금씩 움직여 보자.

M씨가 일하는 회사는 야근이 잦은 힘든 업무와 장시간 노동을 당연시 하는 분위기다.

하고 싶은 일보다 해야 하는 일이 산더미처럼 쌓이는 것은 물론, 문제 처리와 고객 응대에는 수동적인 자세로 일관해야 했기에 늘 일에 치였다. 그리고 갑자기 발생한 문제 처리에 수시로 투입되기 일쑤였다.

게다가 적극적으로 나서서 일을 처리하면 자신에게만 일이 몰려와 더 바빠지는 업무 환경에 치가 떨렸다고 한다.

까다롭거나 성가신 안건은 동료끼리 서로 책임을 전가할 뿐, 불리한 일을 떠맡지 않으려고 필사적으로 몸을 사리는 사무실 분위기는 더없이 끔찍했다고 털어놓았다.

| M씨의 일상 |

◆ 일을 잘해도 동료에게 견제를 당한다.

- 기계적인 대응만 하면 심신이 모두 지쳐 버린다.
- 이 회사에 있는 한 희망이 없다.
- 솔직히 회사 시스템을 개선하고 싶다. 하지만 그런 제안이 불가능한 분위기다.
- 자신이 하고 싶은 일을 할 수 없다.

원대한 목표를 세우자

나는 M씨에게 힘차게 날아오를 원대한 목표를 세우도록 했다.

현재 상황은 일단 제쳐 두고 만일 이런저런 제약이 없다면 어떤 일을 하고 싶은지, 어떤 방식으로 일하고 싶은지 등 회사라는 틀에서 벗어나 생각하도록 했다.

처음에 M씨는 목표를 잘 찾지 못했다

하지만 내가 옆에서 조언을 해 나가는 동안 자신이 얼마나 명확하게 하고 싶은 일을 마음속에 품고 있었는지를 깨닫게 됐다. 업무에 쫓겨서 잊고 살았을 뿐이었다.

| M씨의 원대한 목표 |

- 주말 중에 하루는 가족과 저녁식사를 한다.
- 칙칙한 분위기의 사무실을 개선해서 일하기 좋은 직장으로 만들고 싶다.
- 문제를 처리하고 해결하는 일이 아니라 목표 달성, 꿈 실현을 돕는 일에 종사하고 싶다.
- 사내 트레이너가 되고 싶다.
- 사외 콘테스트에 출전한 동료를 응원하고 싶다.
- 카페를 운영해 보고 싶다.

M씨는 현재 상황에서 자신이 진정으로 하고 싶은 일을 달성하는 것은 무리라고 착각하고 있었다. 사실 이 상태로는 원대한 목표를 찾기 어렵다.

힘차게 날아오를 원대한 목표라는 것은 지금 당신이 '절대 안 된다', '불가능하다'라고 생각한 것들 중에 있다. 그런데 막상 이런 것들을 종이에 적어 보면 '아, 역시 해 보고 싶다'는 생각이 들기 마련이다.

10초 액션을 실행하자

나는 M씨에게 힘차게 날아오를 목표, 즉 자신이 진심으로 하고 싶은 일 중에서 지금 다니는 회사, 맡고 있는 업무, 일하는 사무실에서 할 수 있는 것을 목록으로 작성하도록 했다. 그리고 우선순위를 매겨 보고 우선순위가 높은 것부터 착실하게 실행에 옮기도록 10초 동안 할 수 있는 첫 액션을 정했다.

| M씨의 10초 액션 |

◆ 사내 트레이너가 되고 싶다.
→ 같은 팀에 소속된 후배의 이야기를 잘 들어 본다. 또한 같은 팀의 후배에게 도움이 될 만한 요령을 하나씩 제안해 본다.
◆ 사외 콘테스트에 출전한 동료를 응원하고 싶다.
→ 콘테스트에 출전 등록을 한 동기에게 전자 메일을 보낸다.

이렇게 M씨는 원대한 목표를 실현하기 위해서 매일 노력했다.

3개월 후, M씨는 "절망에 빠져 우울하게 지냈던 때가 언제인가 싶을 정도예요. 그때는 이런 만족감, 충족감을 느끼면서 일할 수 있다는 생각은 단 한 번도 하지 못했습니다."라고 말했다. 지금은 자신이 하고 싶은 일을 회사에 제안하고 인정을 받아서 성과가 나오면 또다시 다른 제안을 하고 그 제안이 받아들여지는 선순환을 그리고 있다고 한다.

M씨의 주변에는 아직도 극도의 스트레스에 시달리는 사람이 많고 이들에게 종종 다음과 같은 말을 듣는다고 한다.

"어째서 M씨만 그렇게 자유롭고 생기발랄하게 일할 수 있는 거죠?"
"요즘 분위기가 완전히 바뀐 것 같아요. 아주 즐겁게 일하시네요."

그리고 사무실 분위기도 조금씩 긍정적으로 밝게 변해가고 있다고 한다.

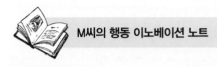 **M씨의 행동 이노베이션 노트**

1. 어제 하루 중에 기뻤던 일, 감사했던 일, 좋았던 일

· 집에서 저녁식사를 했다.

· 동료가 맛있는 과자를 간식으로 나눠 줬다.

· 개선책을 하나 제안했다.

2. 새롭게 깨닫거나 느낀 점

· on/off의 전환이 조금은 나아졌다.

· 다른 직원을 배려하는 사람도 있다는 것은 감사한 일이다.

· 여태까지 어떤 제안도 하지 않고 포기만 하고 있었다. 내 제안이 받아들여지지는 않았지만 그래도 나름 기분 정리가 됐다.

3. 오늘 하루 동안 정말로 하고 싶은 일

· 사내 트레이너가 되기 위한 포석을 깐다.

· 진심을 담아서 아침 조례 시간에 이야기한다.

· 좀 더 정성스럽게 보고서를 작성한다.

4. 10초 액션

· 후배들에게 점심을 쏜다.

· 첫마디는 힘차게 시작한다.

· 컴퓨터를 켜고 워드 프로그램을 클릭한다.

H씨의 경우
- IT 관련 대기업, 기획개발부, 29세, 남성

H씨는 사무 처리 부서에서 일한 공로가 인정되어 기획개발부로
인사 이동됐다.

하지만 상사와 주변 동료들의 높은 기대에 부응하지 못하고 우
울한 나날을 보내고 있었다.

주변 사람들에게 "아니, 그런 것도 못해?", "지금까지 대체 뭘
한 거예요?", "스스로 생각해 봐요."라는 말을 들어도 어떻게 해
야 할지 몰랐다. 어떤 방향으로 깊이 파고들면 좋을지조차 알 수
없었다. 유일하게 아는 것은 자신이 남들의 기대에 부응하지 못
하고 있다는 사실이었다.

| H씨의 일상 |

◆ 눈앞의 안건을 처리한다(할 수 있는 일로 시간을 때운다).

◆ '이대로는 안 돼. 새로운 기획을 제안해야 하는데'라는 생각
   에 묶여 있다.

- '적어도 다른 사람보다 오래 일하자. 늦게 퇴근하자'라며 사무실에 머문다.
- 매일 마지막 지하철을 타고 귀가한다.
- 술독에 빠질 정도로 아무리 마셔도 취하지 않는다.
- 선잠으로 아침을 맞이한다.

원대한 목표를 세우자

일단 현재 상황은 제쳐 두고 H씨에게 자신이 정말로 하고 싶은 일, 자신의 경력을 어떻게 활용해 나가고 싶은지에 대해 생각하도록 했다.

처음에는 '하고 싶은 일과 목표'가 제로에 가까울 정도로 아무 것도 나오지 않았다. 간혹 H씨와 같은 사람이 있다.

그래서 나는 지금까지 경력을 쌓으면서 달성했던 일들을 회상해 보라고 조언했다. 그러자 H씨는 자신에게도 자기 나름의 장점이 있고 잘하는 일이 있다는 것을 깨달았다.

'그러고 보니 대규모 프로젝트에도 참여했었네.'

'이래 봬도 지금까지 꽤 열심히 노력하며 살았구나. 내가 쓸모 없는 인간은 아니구나.'

이런 긍정적인 생각이 든 것이다.

H씨에게 여기서 더 나아가 미래를 상상해 보라고 했더니 '작가가 되고 싶다'는 뜻밖의 원대한 목표를 발견하게 됐다.

| H씨의 원대한 목표 |

◆ 상사, 동료와의 거리를 좁힌다.

◆ 새로운 가치를 창출할 기획을 제안하고 싶다.

◆ 기분 좋게 하루 업무를 마무리하고 싶다.

◆ 소설을 쓰고 싶다.

사실 H씨는 얼핏 보기에 지금의 업무와 아무 관련이 없어서 '이런 목표를 가져도 되나?' 하는 걱정이 앞서 원대한 목표가 잘 나오지 않았던 것이다. 하지만 '소설가가 된다는 생각만으로 가슴이 두근두근 뛰었다'고 한다.

10초 액션을 실행하자

H씨에게도 힘차게 날아오를 원대한 목표, 즉 자신이 진정으로 하고 싶은 일 중에서 지금 다니는 회사, 맡고 있는 업무, 일하는 사무실에서 할 수 있는 것을 목록으로 작성하도록 했다. 그리고 우선순위를 정하고 하나씩 실행에 옮기도록 했다.

◈ 상사, 동료와의 거리를 좁힌다.

　→ 자신이 먼저 '안녕하세요'라고 아침 인사를 건넨다.

◈ 새로운 가치를 창출할 기획을 제안하고 싶다.

　→ 신경이 쓰이거나 마음에 담아둔 키워드를 종이에 적어
본다.

◈ 기분 좋게 하루 업무를 마무리하고 싶다.

　→ 좋았던 일을 세 가지 적어 본다.

◈ 소설을 쓰고 싶다.

　→ 상사를 주인공으로 상사의 인간적인 희로애락을 관찰해
본다.

이렇게 매일 H씨는 원대한 목표를 실현하기 위해서 노력했다.
그러자 그렇게 대하기 어려웠던 상사와도 편하게 이야기를 나
누고 퇴근 후에 술자리를 가질 수 있게 됐다.

"아직 업무가 익숙하지 않아서 힘든 점도 있지만 상사와 동료
와의 거리가 좁혀져서 정신적으로 많이 편해졌습니다."라고 말
했다.

또한 오전 중 집중할 수 있는 시간을 잡무로 때우는 것이 아니
라 중요한 일에 몰두할 수 있어서 야근도 줄었다. 사고의 질도 높

아져 '지금까지 쌓아온 경험과 기획 업무가 잘 연결되어 맡은 업무가 즐거워지기 시작했다'고 한다.

요즘은 퇴근 후에 와인을 한잔하면서 소설에 대한 구상을 메모하기도 하고 침대에 누워서 편하게 푹 잘 수 있게 됐다고 한다.

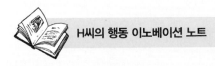 H씨의 행동 이노베이션 노트

**1. 어제 하루 중에 기뻤던 일,
   감사했던 일, 좋았던 일**

- 지방 출장을 다녀왔다.
- 출장을 간 곳에서 부장과 둘이
  서 술을 마시며 이런저런 이야기
  를 나눴다.
- 지방으로 출장을 간 김에 부모
  님 댁에 들렀다.

2. 새롭게 깨닫거나 느낀 점

- 사실 나는 출장을 좋아한다.
- 부장을 대하기 어려웠는데 '어
  떻게든 될 것 같다'는 생각이 들
  었다.
- 하루라도 빨리 부모님 댁에 가
  고 싶다.

**3. 오늘 하루 동안 정말로
   하고 싶은 일**

- 부장과의 거리를 더 많이 좁히
  고 싶다.
- 새로운 가치를 창출할 기획안을
  만들고 싶다.

4. 10초 액션

- 아침 인사를 건넬 때에 뭔가 한
  마디를 더 붙여 보자.
- 머릿속에서 계속 맴돌거나 신경
  이 쓰이는 키워드를 종이에 적어
  보자.

123

T씨의 경우
– 교육 관련 사업, 인사부, 41세, 남성

영업 부서에서 10년 이상 일하며 경력을 쌓아온 T씨는 바라지도 않았던 인사부로 인사 이동됐다. 그리고 사내 계층별 연수를 기획하는 업무를 맡게 됐다.

업무 흐름이 빠삭한 영업이라면 전체적인 그림은 물론 일의 흐름도 쉽게 파악할 수 있어서 미루는 일 없이 착실하게 진행했을 텐데 인사 업무는 그렇지 않았다.

전체적인 그림을 그리기 어려웠고, 특히 연수에 관한 기획서 작성은 처음 해 보는 일이라 뒤로 미룰 수밖에 없었다. 고민이 이만저만이 아니었다.

게다가 자신을 제외한 다른 팀원들은 인사, 관리 부문의 경력이 오래돼서 자신의 고민을 쉽게 털어놓기도 힘든 상황이었다.

| T씨의 일상 |

◆ 영업 현장에서 오래 일했던 자신과 인사 업무는 맞지 않고

팀원에게 질문하기도 힘들다.

- ◆ 인사부 특유의 사무실 분위기도 낯설다.
- ◆ 전혀 경험해 보지 못한 일이라 의욕이 생기지 않는다.

원대한 목표를 세우자

T씨에게도 일단 현재 상황은 제쳐 두고 실제로 어떻게 하고 싶은지, 자신의 경력을 어떻게 활용해 나가고 싶은지에 대해서 생각하도록 했다.

처음에 T씨는 '잘리고 싶지 않다', '승진에서 밀리고 싶지 않다', '어떡해서든 이 회사에서 정년까지 일하고 싶다'는 생각밖에 하지 못했다.

그래서 나는 T씨에게 어렸을 때에 푹 빠져 지냈던 것이 있으면 떠올려 보라고 조언했다. 그러자 그는 몸을 움직이는 것을 좋아해서 운동에 푹 빠져 지냈던 것을 떠올렸다.

지금은 지역 스포츠팀의 평범한 팬이 아니라, 프로보노(pro bono)로서 지역 스포츠팀이 1부 리그로 진출하는 데에 큰 힘이 되고 싶다는 강한 바람이 자신에게 있다는 것을 알게 됐다. 운동을 통해서 지역을 부흥시키고 꿈을 실현하고자 하는 강렬한 의욕이 꿈틀대고 있었던 것이다.

| T씨의 원대한 목표 |

◆ 인사 업무를 프로처럼 처리하고 싶다.
◆ 프로보노로서 지역 스포츠팀이 1부 리그로 진출할 수 있도록 돕고 싶다.

10초 액션을 실행하자

T씨에게는 힘차게 날아오를 원대한 목표, 즉 자신이 진정으로 하고 싶은 일 중에서 지금 다니는 회사, 맡고 있는 업무, 일하는 사무실에서 할 수 있는 것을 목록으로 작성하도록 했다. 그리고 우선순위를 매기고 하나씩 실행에 옮기도록 했다.

| T씨의 10초 액션 |

◆ 인사 업무를 프로처럼 처리하고 싶다.
  → 사외 스터디에 참여해 보고 인사부 동료와 점심식사를 함께 한다.
◆ 프로보노로서 지역 스포츠팀이 1부 리그로 진출할 수 있도록 돕고 싶다.

→ 일단 경기장 봉사자에 지원한다.

T씨는 매일 아침 원대한 목표를 확인하고 '오늘 하루를 어떻게 보내고 싶은지'를 자기 자신에게 물었다. 그리고 매일 10초 액션을 실행에 옮겼다.

그러자 적응하기 어려웠던 인사부의 사무실 분위기도 차차 익숙해지기 시작했고 대하기 어려웠던 상사, 동료와도 눈치 보지 않고 편하게 이야기를 나눌 수 있게 됐다.

또한 인사 업무가 지역 스포츠팀 조직 내의 팀워크 향상에 힌트가 된다는 것을 깨닫고 "억지로 하던 인사 업무가 제가 그토록 하고 싶어 했던 일과 연관된다는 것을 알고서 즐겁게 느껴지기 시작했어요."라고 말했다.

주말에는 지역 스포츠팀을 응원하면서 프로보노로서 일할 수 있는 기회를 늘리기 위해서 적극적으로 활동하고 있다. 또한 지역 사람들과의 인맥을 넓히기 위해서 지역 이벤트에 참여하는 일도 많다고 한다.

"습관적으로 미루기만 하고 고민이 많았을 때는 회사에 있든 집에 있든 항상 답답했어요. 그런데 지금은 하고 싶은 일이 너무 많아서 하루하루 열심히 살고 있습니다. 그 덕분에 평일에도 주말에도 시간이 쏜살같이 지나가요. 이 나이에 학생 시절에 느꼈

던 열정을 다시 한 번 느끼며 살 수 있어서 무척 기쁩니다. 최근
에는 명함을 하나 더 팠지 뭡니까."라며 두 가지 경력을 보유하는
꿈을 실현한 T씨는 환한 미소로 말했다.

T씨의 행동 이노베이션 노트

1. 어제 하루 중에 기뻤던 일, 감사했던 일, 좋았던 일

- 마감 직전의 업무를 끝냈다.

- 오늘도 설탕이 든 캔커피를 마시지 않았다.
- 요즘 공원에서 조깅을 한다.

2. 새롭게 깨닫거나 느낀 점

- 이번에도 벼락치기처럼 일했는데 좀 더 계획적으로 움직이자.
- 블랙커피가 맛있게 느껴지기 시작했다.
- 몸을 움직이는 것이 즐겁고 잠도 더 잘 자게 됐다.

3. 오늘 하루 동안 정말로 하고 싶은 일

- 프로 수준의 인사 업무를 맡고 싶다.
- 계속 블랙커피를 마신다.

- 프로보노로 활동하고 싶다.
- 상사에게 상담 일정을 잡는다.

4. 10초 액션

- 사외 스터디의 요약문을 출근 가방에 넣다.
- 점심시간에 블랙커피를 테이크아웃한다.
- 'web 신청 페이지'에 접속한다.
- 아침 인사를 건네면서 말을 건다.

제4장

행동 이노베이션 노트를
계속 즐기는 방법

싫증나지 않는다! 해이해지지 않는다!
포기하지 않는다!

여기까지는 미루기 습관을 없애는 방법에 대해서 설명했
다.

솔직히 말하면 행동 이노베이션 노트는 아침에 적는 것이
가장 좋다. 우선 3주 정도 해 보고 어느 정도 궤도에 오르
면 빈 시간이나 자투리 시간에 목표 페이지를 읽으면서 설
레는 마음으로 미래를 떠올리는 '미래 앵커링 타임'을 늘
려 보자.
목표 달성 이미지가 명확하면 명확할수록 미래 앵커링이
매력을 발휘해 일상의 뒤로 미루기가 확연히 줄어드는 결
과를 낳을 것이다.
이렇게 되면 미루기 습관을 없애는 데에 가속도가 붙는다.

이번 장에서는 행동 이노베이션 노트를 적는 습관을 더욱 활성화하는 방법에 대해서 소개한다. 내 고객들이 직접 해 보고 그중에서 특히 효과가 좋았던 방법을 엄선했다.

집중력이 훨씬 더 좋아지고 업무뿐만이 아니라 개인 생활에서도 스트레스에서 벗어날 수 있다.

단, 앞으로 소개할 방법 중에는 당신에게 맞는 것도 있고 맞지 않는 것도 있다.

예를 들어 '같은 목표를 세운 동료를 만든다'는 방법이 있는데, 자신과 같은 열정으로 목표를 향해서 노력하는 동료가 옆에 있으면 더 열심히 하려는 사람이 있는가 하면 이와 반대로 의무감이나 부담감 때문에 오히려 힘들어하는 사람도 있다.

그러니 일단 지금의 당신에게 '이건 한번 적용해 보고 싶다'는 방법을 하나만 선택해서 접목시켜 보자.

10초 액션은
깊이 생각하지 않는다

10초 액션의 내용을 깊이 생각하거나 10초 액션을 적는 데 진이 다 빠진다면 지속하기 힘들다.

10초 액션은 '컴퓨터 파일을 연다', '자료를 본다', '소리내어 읽는다' 등 구체적으로 알 수 있는 내용으로 번호를 매기면서 짧게 적으면 된다.

◆ 과연 이 10초 액션이 효과가 있을까?
◆ 더 좋은 10초 액션이 있을 것 같은데….

이처럼 고민할 필요가 전혀 없다. '완벽한 10초 액션', '납득할 만한 10초 액션'은 존재하지 않는다고 생각하자. '가결정', '임시 행동'이라고 생각하고 가벼운 마음으로 한다. 그것으로 충분하다.

단, 목적과 수단이 바뀌어서는 절대 안 된다. 뒤로 미루기를 없애려면 '힘차게 날아오를 원대한 목표'와 함께 '행동'이 필요하다. 그런데 그 첫발이 모호하면 좀처럼 행동으로 옮기지 못하는 경우가 많다. 그래서 10초 액션과 같이 실제 행동으로 옮기기 위한 '첫발'을 문자화하는 것이다. 힘차게 날아오를 '원대한 목표'에 가까이 다가가기 위한 작은 '행동'이야말로 당신을 자신이 바라는 방향으로 이끌어 줄 것이다.

따라서 사소한 것이라도 좋으니 10초 액션을 생각하고 노트에 적는 데에 너무 많은 시간을 들이지 말길 바란다.

예를 들어 '영어 공부를 해서 외국계 회사로 이직한다'라는 목표를 세웠다면 '영어책을 출근 가방에 넣는다'를 '10초 액션' 칸에 적으면 그만이다. 그런 다음 10초 액션을 실천해 보고 다시 생각해 본다.

만일 '영어책을 출근 가방에 넣는다'는 10초 액션으로 영어 공부가 잘 된다면 내일부터 그 액션을 지속한다. 그러면 영어 능력은 향상될 것이다.

그런데 만일 '영어책을 출근 가방에 넣어'도 영어 공부가 잘 안된다면 내일은 다른 10초 액션을 생각해 본다.

예를 들어 '영어 소설책을 출근 가방에 넣는다', '영어 공부 어플리케이션을 스마트폰에 깐다', '영어 사이트로 인터넷 서핑을 한다' 등 새로운 10초 액션을 떠올려 보는 것이다.

10초 액션의 내용에 대해서 너무 깊이 생각하지 말고 가벼운 마음으로 노트에 적고 실천해 보자.

일주일을 지속했다면
자신에게 포상한다

일주일 동안 행동 이노베이션 노트를 하루도 빠짐없이 잘했다면 자기 자신에게 '포상'을 주자. 보통 '포상'이라고 하면 고가의 물건이나 특별한 것을 떠올리기 쉬운데 꼭 그럴 필요는 없다. 자신의 기분을 조금이라도 기쁘게 만드는 것이면 뭐든 상관없다.

단, '포상'은 미리 정해 두는 것이 좋다.

예를 들어 E씨는 매주 토요일마다 행동 이노베이션 노트를 들춰 본다고 한다. 그리고 일주일 동안 하루도 빠짐없이 열심히 노트를 적었을 때는 '집 근처의 마음에 드는 카페에 가는 것'을 자신에게 '포상'으로 선물한다고 한다. 이렇게 하면 행동 이노베이션 노트를 실행하는 것이 '유쾌한 감정'을 이끌어 낸다.

'유쾌함'은 뇌에 전달되는 감정이다. 이런 감정은 행동 이노베이션 노트의 습관화로 이어진다.

내 고객들 중에 어떤 이는 일주일에 한 번 주는 '포상'보다 오히려 매일 주는 아주 작은 '포상'이 행동 이노베이션 노트를 지속하게 만든다고 한다.

가령 S씨는 매일 빨간 펜으로 달력에 별 모양을 그리는 것을 '포상'으로 주기도 하고, Y씨는 행동 이노베이션 노트를 실천한 날에는 15분 동안 좋아하는 게임을 하는 '포상'을 준다고 한다.

이렇게 사소한 포상으로 정말 효과가 나타나느냐며 의아해하는 사람도 있겠지만 놀랍게도 그 효과는 매우 크다.

월급은 액수가 적더라도 그 자체로 훌륭한 것이다. 이와 마찬가지로 '포상'이 반드시 고가의 것일 필요는 없다. 그러니 편하게 '포상'을 정해 보자.

그리고 한 가지 더, 눈에 보이지 않는 포상 즉 '자기 자신을 칭찬하는 것'도 매우 중요하다.

'자신에게 지나칠 정도로 엄격하다', '단점만 보고 자책하는 것이 고민이다'라고 말하는 사람이 꽤 있을 것이다. 그런데 행동 이노베이션 노트를 실행하는 것, 즉 새로운 습관을 시작하는 것 자체는 이미 도전이다. 새로운 도전을 일주일이나 지속했다면 그것만으로도 상당히 가치 있는 일이 아니겠는가? 그러니 자신에게 칭찬을 아끼지 말자.

회사 업무와 집안일에 치이며 바쁜 일상을 보내면서도 새로운 도전을 지속한 당신에게 일단 스스로 '참 잘했어!', '대단해!'라고 칭찬해 보자. '넌 참 대단한 사람이야!'라고 말해 보자.

  무엇보다 행동 이노베이션 노트를 지속하면 당신이 정말로 하고 싶었던 일을 뒤로 미루는 빈도가 확연히 줄어들 것이다. 이로 인해 스트레스가 줄고 하루 중에 유쾌한 기분으로 지낼 수 있는 시간이 늘어날 것이다. 이것이야말로 최고의 '포상'이 아닐까?

10초 액션을 못해도
낙심하지 말고 자책하지 않는다

'행동 이노베이션 노트를 깜박했다', '10초 액션을 잊어버렸다' 등 행동 이노베이션 노트를 시작했지만 깜빡하고 잊어버리거나 여유가 없어서 못하는 경우가 생길 것이다. 이때는

- 오늘 왜 잊어버렸지?
- 행동 이노베이션 노트로 미루기 습관을 없앨 작정이었는데 작심삼일이라니….
- 어제는 노트를 안 쓴 것조차 전혀 몰랐다. 나는 정말이지 구제불능이다.

라고 자책하지 말자.

유감스럽게도 '○○을 하지 못한 자신'을 자책한다고 이미 일어난 과거를 되돌릴 수는 없다. 그러니 행동 이노베이션 노트를

깜빡하고 못 썼거나 10초 액션을 실천하지 못했더라도 오늘이 지나면 그것으로 잊어버리자.

'하지 못했다', '잊어버렸다'도 일종의 피드백이다.

그렇다면 자책하는 대신에 어떻게 하면 좋을까?

- 어떻게 하면 행동 이노베이션 노트를 쓸 수 있을까?
- 어떻게 하면 매일 부담 없이, 잊어버리지 않고 행동 이노베이션 노트를 쓸 수 있을까?
- 어떻게 하면 10초 액션을 확실하게 실행에 옮길 수 있을까?

이 세 가지만 생각한다.

만일 실행하지 못한 것을 도저히 참을 수 없는 사람이라면 지금 당장 하면 된다.

'하지 못했다'가 아니라 '지금부터 하면 빠듯하게나마 할 수 있다'라고 생각하는 것이다. 3분이라는 짧은 시간을 투자해서 자기혐오에서 벗어날 수 있다면 지금부터 하면 된다.

'0 아니면 100'이라는 'All or Nothing'과 같은 사고방식으로는 앞뒤가 꽉 막혀서 옴짝달싹 못하는 경우가 발생한다. 완벽주의가 고개를 쳐들기 시작했다면 일단 '한 일'에 집중하자.

예를 들어 '아직 하지 않았다는 것을 알아차렸다. 그것만으로도 진전이다'라고 생각하면 결과적으로 뒤로 미루는 습관을 없앨 수 있다.

플랜 A, B, C를 세운다

'일단 10초 액션부터 시작하라'고 제안하고 있기는 하지만 가령 자격증을 따기 위한 시험공부의 경우에 '이 참고서를 확실하게 숙지해야 합격할 수 있다'는 필수 조건이 존재한다.

이런 상황에서 '예정은 세우는데 생각만큼 예정대로 되지 않아서 고민이다'라는 사람은 반드시 이 강화술을 접목시켜 보길 바란다.

'자격시험까지 앞으로 한 달밖에 남지 않았다. 이번 주는 꼭 참고서를 30페이지 봐야 한다'라고 예정을 세웠다고 하자. 그리고 화요일 저녁과 토요일 저녁에 15페이지씩 본다고 정했다. 그런데 하필이면 화요일 저녁에 야근이 생겨서 예정대로 공부를 하지 못하는 경우가 발생했다고 하자.

사실 예정이라는 것은 그대로 진행되지 않는 법이다. 그래서 그런 상황에 처하더라도 '일주일에 30페이지를 다 보기 위한' 플랜을 여러 개 세워 둬야 한다. 예를 들어, 다음과 같이 할 수 있다.

플랜A [이상적인 플랜]

화요일 저녁에 15페이지, 토요일 저녁에 15페이지

(어쩌면 화요일 저녁에 야근이 생길지도 모른다)

↓

플랜B [만약을 대비한 플랜]

수~금요일에 5페이지씩, 토요일 저녁에 15페이지

(어쩌면 수~금요일 저녁에 며칠은 공부할 체력이 남아 있지 않을 수도 있다)

↓

플랜C [만약의 만약을 대비한 플랜]

수~금요일 중에 어느 하루에 10페이지

토요일 저녁에 15페이지, 일요일 저녁에 5페이지

이렇게 플랜을 세 가지 정도 세워 두는 버릇을 들이면 '예정대로 되지 않는' 상황을 피할 확률이 높아진다.

단, 어떤 계획이든 자신이 괴롭지 않도록 주체적으로 자신의 입장에서 세운다.

뒤로 미루는 사람의
일곱 가지 입버릇

당신은 혹시 '시간이 없다'라는 말을 입에 달고 살지 않는가?

미루기 습관의 문제 이전에 이런 입버릇을 고쳐서 뒤로 미루는 고민을 말끔히 해소했다는 사람도 있다.

여기서는 뒤로 미루기를 멈추지 못하는 사람들에게 나타나는 공통적인 입버릇에 대해서 살펴보겠다.

입버릇 1

'~라서 할 수 없다.' → 조건이 맞지 않아서 '행동'하지 않는다.

'오늘은 돈이 없어서 할 수 없다', '도와줄 사람이 없어서 할 수 없다' 등이 이에 해당한다. '아, 시간만 있으면 여행을 떠나는 건데' 등도 마찬가지다. '할 수 없는 조건'을 가능한 많이 찾아서 자신을 납득시킨다.

입버릇 2

'~하면 어쩌지…' → 걱정되니까 '행동'하지 않는다.

'실패하면 어쩌지…', '아무 소용없으면 어쩌지…' 등이 이에 해당한다. '잘 안 된다' 등도 같은 종류의 입버릇이다. 실패할 위험성을 최대한 부풀려서 '행동'을 멈추게 만든다.

입버릇 3

'이제 와서~' → 나이를 핑계로 무리니까 '행동'하지 않는다.

'이제 와서 시작한들 뭐가 되겠어?', '이 나이에 그런 일은 못하겠어' 등이 이에 해당한다. '10년만 젊었어도 했을 텐데'도 마찬가지다. 결코 되돌릴 수 없는 '시간'을 핑계로 '행동'을 멈추게 만든다.

입버릇 4

'조금만 더 배웠더라면' → 지금은 실력이 부족하니까 '행동'하지 않는다.

'조금만 더 기술을 배웠더라면 실행해 보고 싶다', '나는 아직 그 사람처럼 실력이 없어서…' 등이 이에 해당한다. 배우고자 하는 의욕이 강한 사람이나 지금까지 남들 앞에서 부끄러운 실수를 한 적이 별로 없는 사람일수록 이런 경향을 보인다.

입버릇 5

'어려울 것 같아서…' → 어려울 것 같으니까 '행동'하지 않는다.

'못할 것 같아', '어려울 것 같아' 등이 이에 해당한다. 새로운 일에 도전할 때에 어렵다는 것을 전제로 깔아 놓고 뜻대로 되지 않았을 경우에 상처받지 않도록 자신을 방어한다. 그러다 결국 일이 어정쩡하게 끝나는 경우가 많다.

입버릇 6

'이것 말고도 즐거운 일이 있어서…' → 자신과 잘 맞지 않을 것 같으니 '행동'하지 않는다.

'나한테는 이거 말고도 잘 맞는 것이 있어서', '내 적성하고 잘 맞지 않는 것 같아' 등이 이에 해당한다. 진심으로 그런 생각이 들었다면 정답이겠지만 '머릿속의 생각'만을 좇아서 새로운 일을 시작하거나 그만두는 사람이 꽤 있다.

입버릇 7

**'목표대로 결과가 나오지 않았다' → 목표를 달성하지 못하니까 '행동'
하지 않는다.**

'○○의 목표를 세우고 경기에 임했지만 결과가 나오지 않았다'
등이 이에 해당한다. 이런 입버릇은 상당히 자주 목격할 수 있다.
자신의 의사에 따라 '행동'한 것 자체는 매우 훌륭한 일이지만
'하지 못했다'는 결과만을 '의식'하는 경우다.

이런 말들을 입버릇처럼 하지 않으려고 의식적으로 노력하면
뒤로 미루기를 없앨 수 있다. 의식적으로 입버릇을 바꿔 보는 것
은 어떨까?

기준의 눈금을
작게 생각한다

"두근두근 설레기는 하는데 막상 '행동'으로는 못 옮기겠어요."라고 말하는 사람도 있다. 이런 사람의 경우에 가장 큰 특징 중 하나는 '행동'을 너무 거대하게 생각한다는 점이다.

가령 이제까지 한 번도 달려 본 적이 없는 사람이 갑자기 매일 5킬로미터를 달리려고 하니까 시작할 엄두가 나지 않는 것과 같다.

이는 10초 액션이 제 기능을 하지 못한다는 증거다.

만일 마라톤을 완주해서 성취감을 맛보고 싶다면 갑자기 5킬로미터를 뛸 것이 아니라, 극단적인 예로 첫날은 '러닝화를 신고 집 근처 편의점까지 걷는다' 정도가 좋다.

처음에는 10초 동안 할 수 있는 액션을 한다.

'반드시 할 수 있는, 꼭 성공할 수 있는 작은 행동'을 매일 의식적으로 쌓아 가는 것이 중요하다.

예를 들어 원대한 목표를 기준으로 '오늘은 5킬로미터를 달리자'라며 시작했는데 몸 상태가 좋지 않아서 2킬로미터만 뛰고 더 이상 뛰지 못했다고 하자.

이때 당신은 '오늘은 행동으로 옮기지 못했다'라고 생각하는가?

만일 그렇다면 당신이 설정한 기준의 눈금은 너무 크다.

'5킬로미터를 달리면 성공'과 '5킬로미터를 달리지 못하면 실패', 이 두 가지밖에 측정할 수 없으니 말이다.

이런 당신이라면 자기 자신을 위해서 기준의 눈금을 조금 작게 설정해 보자.

예를 들어 '러닝화를 신었다', '밖에 나섰다', '걷지 않고 뛰었다', '100미터를 뛰었다', '1킬로미터를 뛰었다' 등을 측정할 수 있을 만큼 기준의 눈금을 작게 설정한다.

그러면 2킬로미터를 달린 것이 얼마나 잘한 일인지 알게 될 것이다.

일반적으로 '끝까지 하자', '확실하게 하자'라는 기분으로 임하면 왠지 모를 긴장감에 오래 지속하지 못한다.

이런 사람은 '너무 열심히 하려는 성향'이 강한 편이니 주의해야 한다.

'행동'을 취하기도 전에 긴장감이 맴도는 상태로는 일을 원만하게 시작할 수 없다. 설령 시작하더라도 얼마 못 가서 지치고 만다. 이 상태로 계속하려고 하면 '하고 싶은(want to)' 마음이 '해야만 하는(have to)' 것으로 변질된다.

너무 열심히 하려는 성향이 강한 사람은 '끝까지 하지 않는다', '확실하게 하지 않는다'는 것이 어떤 느낌인지를 체험해 보자.

가령 오늘의 목표로 '참고서를 5페이지 푼다'라고 정하고 시작했을 때에 집중이 잘 돼서 술술 잘 풀리더라도 일부러 4페이지에서 멈춰 보는 것이다. 이런 식으로 일부러 '끝까지 하지 않는' 날이 생겨도 괜찮다는 것을 직접 느껴 보는 것이 좋다.

또한 '매일 책상 정리를 말끔히 하고 귀가한다'라고 정하고 시작했더라도 '오늘은 서류만 정리하고 끝내자. 이것으로 만족하자'라며 일부러 '확실히 하지 않는 날'을 만들어 본다.

즉 자신이 넘어야 할 장벽을 낮추어 '행동'하기 쉽게 배려하면 행동에 가속도가 붙는다. 게다가 보다 쉽게 습관으로 정착될 수 있다.

노트 자체를 뒤로
미루고 싶어질지도 모른다

행동 이노베이션 노트를 시작했지만 결국 노트를 쓰는 것 자체를 뒤로 미루게 돼서 자기 자신에게 실망했다는 사람도 있을 것이다. 이럴 때에 잘 듣는 특효약이 있다.

바로 '시각'을 최대한 활용하는 방법이다.

구체적으로 말하자면 노트가 눈에 잘 띄도록 두는 것이다.

가령 출근 전에 행동 이노베이션 노트를 적고 싶다면 일어나서 출근 직전까지의 동선을 파악해서 반드시 눈에 띄는 곳에 노트를 둔다.

인간의 뇌는 시각을 통해서 얻는 정보의 양이 무려 83%나 된다는 연구 결과가 있을 정도로 시각 정보가 주는 임팩트는 상당히 크다. 그래서 노트가 시야에 들어오면 쓰고 싶은 마음이 생기는 것이다.

어떤 사람은 취침 전에 노트를 식탁에 두기도 하고 스마트폰 충

전기 옆에 두기도 한다. 내 경우에는 서재 책상 한가운데에 둔다.

이렇게 노트가 시야에 들어오도록 사전에 준비하면 행동 이노베이션 노트를 훨씬 더 체계적으로 실천할 수 있다.

또한 어떤 노트를 사용하느냐도 일상의 습관에서 상당히 중요한 요소다.

'행동 이노베이션 노트로 어떤 노트를 추천합니까?'라는 질문을 받을 때가 있다.

노트에는 무지, 가로줄, 세로줄, 눈금지, 스프링 노트, 대학 노트, 질감, 색감, 표지 디자인, 종이 재질, 사이즈, 가격, 구입 용이성 등 다양한 요소가 있다. 어떤 노트라도 상관없지만 나는 '자신의 기호와 취향을 우선시하라'고 조언한다.

예를 들어 가방에 넣어 다니고 싶은 사람은 얇은 A6의 문고판 크기나 B7의 여권 크기만 한 노트가 편할 것이다.

또는 노트에 이런저런 생각을 적고 집에 두고 다니고 싶은 사람이라면 '노트 크기는 생각의 크기를 반영'한다고 하니 A4 크기의 대학 노트나 그보다 조금 작은 B5 크기의 노트를 추천한다.

나는 무인양품의 B5 방안 노트를 사용하고 있다. 노트 자체가 가볍고 방안지라서 선긋기가 용이하기 때문이다.

물론 방에 굴러다니는 쓰다 남은 노트도 상관없다. 자신에게 맞는 완벽한 노트를 찾을 때까지 행동 이노베이션 노트 쓰기를 뒤로 미룬다면 본말전도가 될 테니까.

지금 할 수 있는 범위 내에서 당신을 기분 좋게 해 줄 노트를 찾으면 된다.

또한 내 고객 중에는 행동 이노베이션 노트를 쓸 때에 만년필을 고집하는 사람도 있다. 마음에 들지만 좀처럼 쓸 기회가 없었던 만년필을 '행동 이노베이션 노트 전용펜'으로 정했더니 기분이 좋아졌고 즐기면서 노트를 쓸 수 있게 됐다고 한다. 나는 '일본의 에르메스'로 유명한 일본 유일의 마구 제조업체인 소메스 사도루(somes Saddle)의 펜을 쓰고 있다.

이외에도 마음에 드는 '책갈피'를 사용하면서 행동 이노베이션 노트를 즐겁게 실천하고 있다는 사람도 있다.

보고회를 개최하자

스쿠버다이빙에서 두 명 이상이 함께하는 것을 '버디 시스템'이라고 한다. 버디란 '동료, 친구'를 뜻한다. 목표 달성의 속도를 가속화하는 방법으로 버디 시스템처럼 세 명이 모여서 정기적으로 '행동' 결과를 나누는 보고회를 가져 보자.

예를 들어 '여름까지 영어 자격증을 따고 싶다'는 목표를 세웠다고 하자. '나도 같이 하고 싶다'는 사람을 두 명 모아서 세 명이 팀을 짠다.

'행동'은 각자 하고 예를 들어 일요일 저녁에 스카이프나 라인 등을 통해서 일주일 동안 자신이 한 '행동'과 해 본 소감, 특히 효과적이었던 방법 등을 서로 나누는 것이다.

이렇게 하면 작심삼일로 끝나 버리는 사람도 '동료에게 보고해야 한다'는 생각에 지속할 수 있고, 성격이 잘 맞는 친구와 팀을 짜면 '결과가 참 좋았다'라고 보고하고 싶은 마음에 더욱 열심히 노력하게 된다.

단, 보고회를 할 때에 중요한 포인트가 세 가지 있다.

첫 번째는 인원수다. 세 명까지가 제일 적당하다.

두 명도 좋지만 두 명일 때는 누군가 한 사람이 '이번 주는 바빠서 별로 행동하지 못했다'거나 '이번 주는 다른 일정이 있어서 좀 쉬었으면 좋겠다'는 경우가 많아져 곧바로 버디 시스템이 무너질 가능성이 높다. 그런데 세 명일 때는 누군가 한 사람이 빠져도 두 명이서 얼마든지 보고회를 열 수 있다. 그리고 한 사람이 일주일 동안 쉬고 다시 돌아오면 세 명이서 다시 보고회를 하면 된다.

반대로 인원수가 너무 많으면 '난 여기서 조연일 뿐이야'라는 생각에 주체성이 사라지고 의욕을 상실하는 사람이 나타난다. 내 경험상 일단 세 명이서 시작해 볼 것을 추천한다.

두 번째는 정기 보고회의 날짜와 방법이다. 반드시 사전에 정하는 것이 좋다.

'일요일 밤에 라인에서 만나자'처럼 다소 강압적이지 않은 것도 좋지만 사전에 명확하게 정해 두지 않으면 언제까지 해야 한다는 마감 기한에 대한 감각이 없어서 보고의 기회를 놓치고 만다.

또한 보고 방법도 소셜 네트워크 서비스(SNS)를 이용해서 문자로 보고하는 것도 충분히 효과적이지만 성과를 사진으로 첨부하면 효과가 더욱 높아진다. 또는 스카이프를 통한 음성 통화나 영상 통화를 하면 더 즐거운 보고회를 가질 수 있다.

세 번째는 분위기다. 일단 밝고 긍정적인 분위기를 조성한다.
감점 방식이 아니라 가점 방식을 채택하는 것이 좋다. 일주일 동안 '아무것도 못했다'는 생각이 들어도 실제로 뭔가를 했을 것이다. 그 부분을 천천히 확인하는 장으로 만들자.
보고회는 모두가 '좋았어! 내일부터 더 즐겁게 열심히 하자!'라고 생각할 수 있게 만드는 것이 목적이다.
어떤 방법이 버디 모두에게 만족감을 줄지를 생각하면서 임시로 진행 방법을 정한다. 그리고 여러 번 보고회를 하면서 날짜와 방법을 좀 더 자신들에게 맞는 쪽으로 바꿔 나간다.

10초 액션을 할 여유가 없을 때
다시 시작하는 방법

일하는 사람이라면 특히 갑작스럽게 발생한 문제, 끝없이 밀려오는 급한 업무, 눈앞의 안건을 처리하느라 10초 액션을 실행할 여유가 없을 수도 있다. 그래서 어느 것 하나 손대지 못하고 안절부절못하는 사람도 많을 것이다.

매일의 업무에 시달리다 보면 좀처럼 노트에 쓴 이상(理想)대로 진행되지 않는 경우가 많다. 이런 일이 지속되면 '이도저도 아닌 상태로 불안감과 초조함만 느낄 바에는 그만두는 편이 낫겠어'라며 '포기 모드'로 돌입하기 쉽다.

포기 모드로 돌입하기 전에 짧은 시간 내에 직장에서 기분 전환을 하고 행동 이노베이션 노트를 다시 시작할 수 있는 '계기'가 되는 방법을 소개하겠다.

제일 중요한 것은 '자신의 의지(타이밍)로 능동적으로' 다시 시작하는 것이다.

1. 좀처럼 착수하지 못하는 경우, 두 개의 시간제한(time limit)을 둔다

'언제부터 시작할까?', '언제까지 할까?'라는 두 개의 시간제한을 설정하면 눈앞의 일에 좀 더 깊이 집중할 수 있어서 10초 액션 중 어느 하나라도 실행하는 시간을 확보할 수 있다.

많은 사람들이 데드라인은 의식해도 스타트 라인에 대한 의식은 희미한 편이다. 일반적으로 데드라인까지 시간적 여유가 있을수록 뒤로 미루고 데드라인에 가까워졌을 때에 비로소 시작하는 경향이 있다. 이를 '파킨슨의 법칙(Parkinson's law)'이라고 한다. '언제 시작할까?'라는 스타트 라인을 정하는 것만으로도 일에 손을 대지 못하는 답답한 기분에서 일단 벗어날 수 있다.

2. 1분이라도 '혼자가 되는 시간'을 만든다

쉴 없이 울리는 전화와 메일 응대에 쫓기는 지겨운 일상. 이런 부정적인 기분으로 뭔가를 하려고 하면 부정적인 결과만 초래할 뿐이다. 허둥지둥 여유가 없을 때일수록 '혼자가 되는 시간'을 가지려고 노력해 보자.

예를 들어 가고 싶지 않아도 화장실에 가는 등 일단 그 자리에서 벗어나 보자. 혹은 비상계단에서 딱 1분만 눈을 감고 쉬어 보

자. 이것만으로도 기분이 상쾌해지고 머릿속이 맑아질 것이다.

3. '○○한다'라는 '10초 액션'을 작은 메모지에 적어서 컴퓨터 모니터에 붙인다

매일 '자신이 진심으로 하고 싶은 일'을 눈에 띄도록 하면 해이해졌던 기분을 적당한 수준으로 재정비할 수 있다.

휴식을 취하려고 자리에서 일어나기 전과 휴식을 취한 후에 자리에 돌아와서 메모를 보면 10초 액션을 실행하기 쉬워진다. 반드시 실천해 보길 바란다.

4. 자료를 본다

뒤로 미룬 일에 좀처럼 손을 대지 못할 때는 일단 '자료를 본다'부터 시작하면 수월하게 일에 착수할 수 있다. 일을 끝내겠다는 생각보다 일을 시작하게 하는 '계기'를 만드는 것이 포인트다.

뇌에는 '측좌핵'이라는 쾌락 중추, 즉 '의욕 스위치'가 있다. 이 측좌핵은 자극을 받으면 도파민이 분비된다. 뇌는 이 경험을 좋아해서 몇 번이나 반복을 촉진한다. 이것이 의욕의 원천이 된다.

즉, 뇌과학적인 관점에서 보면 '의욕 → 행동'이 아니라 '행동

→ 의욕'이 정확한 순서다. '자료를 본다'라는 자그마한 행동으로 측좌핵을 자극해 움직이게 하고 의욕을 샘솟게 만들어 보자.

5. 결과 목표가 아니라 행동 목표에 중점을 둔다

뒤로 미룬 일에 좀처럼 손을 대지 못할 때는 결과 목표가 아니라, 행동 목표에 중점을 두도록 한다.

결과 목표란 '기획서를 완성한다', '신규 안건을 1건 획득한다' 등 결과에 대한 목표다. 행동 목표란 '기획서 제목을 적는다', '전화를 5통 건다' 등 당신이 지금 당장 할 수 있는 구체적인 행동을 가리킨다. 이처럼 목표는 결과 목표와 행동 목표로 나눌 수 있다.

자신이 넘어야 할 장벽을 낮추고 결과가 아니라 행동에 중점을 두고 가벼운 마음으로 해 보자.

10초 액션을 레벨업하자

미루기 습관을 없애려고 당신이 진심으로 이루고 싶은 '원대한 목표'를 향해서 '하루에 10초'를 계속 투자하다 보면 솔직히 그것만으로 뭔가 부족하다는 생각이 들 것이다. 다시 말해 좀 더 '행동'을 취하고 싶어질 것이다. 물론 이런 경우에는 10초 액션만으로 끝내지 말고 더 행동을 취하면 된다.

'10초 액션'은 착화제 역할을 한다. 당신이 진정으로 이루고 싶은 것이나 뒤로 미뤘던 일을 시작하게 만드는 '계기'가 바로 '10초 액션'이다.

행동이라는 것은 재미있게도 너무 간단해도, 너무 어려워도 실천하지 않는다. 너무 간단하면 지루하고 재미없어서 성취감을 느낄 수 없고, 반대로 너무 어려우면 무력감, 불안, 고통만 커지기 때문이다.

그런가 하면 반복되는 10초 액션에 질려서 날림으로 하거나 타성에 젖어 10초 액션이 '계기', '방아쇠', '행동으로 돌입하는 입구'로서의 착화제 역할을 하지 못하는 경우도 있다.

이럴 때는 시간을 길게 잡도록 한다. 숯이나 장작에 불이 잘 붙지 않을 때에 착화제를 추가 투입하듯이 '10초 액션'으로 행동에 불이 붙지 않는다면 '1분 액션'을 추가하는 것이다.

◆ 1분 동안 책, 자료를 읽는다.
◆ 1분 동안 책상 주변을 정리한다.
◆ 1분 동안 다음 만날 사람에게 묻고 싶은 것이나 확인하고 싶은 것을 번호를 매겨 적어 본다.
◆ 1분 동안 국민체조를 한다.
◆ 1분 동안 하고 싶은 일의 순서와 흐름을 적어 본다.

단, 주의할 점이 있다. 1분 액션은 '10초 액션을 한 후'에 실행해야 한다. 곧바로 1분 액션에 들어가면 대개의 경우 지속하지 못한다. '10초 액션+1분 액션'이라고 생각하자.

결과가 바로 나오지 않아도
포기하지 않는다

행동 이노베이션 노트를 실천해 봤는데 전혀 감이 오지 않았다거나 자신과 맞지 않는다고 생각하는 사람이 있을 것이다. 또한 착화제 역할을 하는 '10초 액션'에서 끝나 버려서 뒤로 미루기를 없애는 데까지 이어지지 않았다는 사람도 있을 것이다.

'미루기 습관을 없앤다'라고 표현하면 한순간에 뭔가 대단한 일이 일어날 것처럼 착각하는 사람이 있다.

하지만 절대 그렇지 않다.

변화의 하나하나, 특히 행동 이노베이션 노트를 시작한 초반에 일어나는 변화는 다음과 같이 매우 작다.

◆ 아침에 일어나 행동 이노베이션 노트를 펼치는 것이 즐겁다.
◆ 생각하는 단계에서 멈추지 않고 행동으로 옮기게 됐다.
◆ 감정에 휘둘리지 않게 됐다.

◆ '내일은 이렇게 해 보자!'라고 생각하게 됐다.

사실 행동 이노베이션 노트를 시작하고 얼마 되지 않아서 미루기 습관을 없애는 데에 성공한 사람에게는 공통점이 있다.

바로 작은 변화를 느낀다는 점이다. 행동 이노베이션 노트를 계속 하다 보면 변하지 않는 사람은 없다. 다만 작은 변화를 '느끼느냐', '느끼지 못하느냐'에 차이가 있을 뿐이다.

그러니 거듭 말하지만, 처음 시작했을 때는 극적인 변화를 느끼지 못해도, 눈치 채지 못해도 괜찮다.

계속 하다 보면 작은 변화가 반드시 일어날 것이다. 일단 매일 지속해 보자. 그러면 다음과 같은 변화가 반드시 일어날 것이다.

◆ 어느샌가 생각지도 못했던 지점에 오게 됐다.
◆ 미루기 습관으로 더 이상 고민하지 않게 됐다.
◆ 자신이 하고 싶은 일을 착실하게 실행에 옮길 수 있게 됐다.
◆ 어느샌가 꿈을 실현하게 됐다.

'지속은 힘이다'라는 일본 속담처럼 뭐든지 지속하는 것이 중요하다.

"아빠는 맨날 '나중에'라고 하는데 도대체 '나중에'가 언제야?"

2015년 가을에 있었던 일이다.

나는 그보다 1년 전인 2014년에 『나를 바꾸는 연습』이라는 책으로 데뷔했다. 그리고 수많은 사람들의 응원에 힘입어 4권의 판매 누적 부수가 10만 부를 돌파해 베스트셀러 작가가 됐다.

그 덕분에 강연 및 연수를 해 달라는 의뢰가 빗발쳤고 집필은 물론 신문과 잡지의 취재, 라디오 출연 섭외 등도 쇄도했다. 목표 실현 전문가로서 경영자, 운동선수 등의 정신적 서포트를 맡으며 1부 상장기업의 연수를 진행하는 등 온 힘을 다해서 열심히 일했다.

여느 때처럼 끝나지 않은 일을 싸들고 집에 왔을 때였다.
"아빠 놀아 줘!"라며 둘째 아들이 말을 걸어왔다. 킴퓨터 화면
을 보면서 "나중에"라고 말하자 둘째 아들이 화가 난 듯, 하지만
어딘지 모르게 서운한 목소리로 꺼낸 말이 바로 앞에 적은 문장
이다.

가슴이 미어질 듯이 무척 아팠다.
한창 아빠와 같이 놀고 싶은 아들에게 "아빠 놀아 줘!"라는 말
을 들어도 "이것만 끝내고. 나중에 놀자!"라며 뒤로 미루는 대답
만 했던 것이다. 그리고 '나중에'라는 말이 어느새 입버릇처럼
굳어 버리고 말았다. 악의는 없었지만 '가족을 위해서라도, 고객
을 위해서라도, 지금은 일에 주력해야 해'라며 나 자신을 납득시
켰다.
돌이켜 보면 그때는 일이 해도 해도 끝나지 않아서 오랫동안
매달려 있을 수밖에 없었다. 행동 이노베이션을 제창한 장본인이
정작 책과 잡지의 원고 집필을 뒤로 미루면서 마감 기한을 넘기
기 일쑤였다.
의도치 않게 뒤로 미루는 빈도가 늘어나면서 찜찜한 기분으로

보내는 날이 많아졌다. 그리고 소중한 아들 녀석들과 함께 보낼 시간도 점점 사라지고 말았다.

게다가 잠자는 시간을 쪼개 가며 일했기 때문에 어깨와 목의 결림 현상은 점점 더 악화됐다. 일을 하면 할수록 체력은 바닥이 났고 몸은 수척해져 갔다.

이런 상황 속에 있던 나에게 던진 둘째 아들의 말은 가히 충격적이지 않을 수 없었다. 나는 정신이 번쩍 들었다. 그리고 더 이상 '나중에'라는 말을 하지 않기로 결심했다.

나 자신이 '힘차게 날아오를 원대한 목표'를 잃었다는 사실을 깨달은 것이다.

'가족과 고객을 위해서라면 물불 안 가리고 필사적으로 노력했던 내 인생은 무엇인가?'

'실제로 어떻게 하고 싶은가?'

다시 한 번 초심으로 돌아가 '진심으로 어떻게 하고 싶은지'를 자문하며 '원대한 목표'를 수정했다. 다시 한 번 나 자신을 찬찬히 되돌아보면서 진지한 대화를 나눴다. 그리고

'나만이 할 수 있는 일에 전력투구하자. 그리고 무엇과도 바꿀 수 없는, 두 번 다시 오지 않을 아들들과의 시간을 소중히 여기

'자'라는 마음의 목소리를 들을 수 있었다.

그래서 나는 미래 목표에 가까이 다가갈 수 있는 일을 최우선으로 처리하기로 마음먹었다. 즉 의뢰받은 일을 모두 맡는 것이 아니라 거절할 일은 거절했다. 그러자 서서히 일의 흐름이 바뀌기 시작했다.

지금은 차세대 리더로 범위를 좁혀서 서포트 업무를 하고 있고 개인 세션, 코칭 스쿨, 책과 이메일 매거진, 칼럼 집필, 기업 연수에만 집중하고 있다.

또한 매일 가족과 함께 보내는 단란한 시간, 나 혼자 책을 읽는 시간, 생각하는 시간을 갖고 있다. 술에 의존하지 않아도 숙면을 취하고 상쾌한 기분으로 아침을 맞는다. 노동 시간은 줄었지만 오히려 만족도도 높고 수입도 늘었다.

당신은 어떤가?

당신이 진심으로 하고 싶은 일을 뒤로 미루는 것은 당신의 성격(귀찮음, 신중함, 완벽주의, 주의산만, 낙관적, 우유부단 등) 때문이 아니다. 또한 능력이 부족해서도 아니다.

당신이 뒤로 미루는 데는 뒤로 미루는 것 이외에 다른 방법을 모르기 때문이다. 이제부터 '미래 앵커링'과 '행동 이노베이션'에 도전해 보자. 그러기 위해서 행동 이노베이션 노트를 꼭 한번 활용해 보길 바란다.

인생에 리허설은 없다. 언제나 생방이다. 그러니 뒤로 미루지 말고 하고 싶은 일이 있다면 지금 당장 해 보자. 자신의 속마음에 귀를 기울이고 속마음을 존중하자. 스스로가 자기 자신을 존중해야 한다.

뒤로 미룬 행동이 계속 신경 쓰인다면 필시 포기하지 못하는 뭔가가 있다는 뜻이다.

당신에게 가치 있는 행동을 하면 그 끝에는 반드시 당신만이 느낄 수 있는 성취감으로 가득 찬 밝은 미래가 기다리고 있을 것이다.

목표는 실현하기 위해서 존재한다. 그리고 목표는 이상적인 미래와 비전으로 이끄는 중요한 안내 표지판이다.

이 책에서 소개한 간단한 방법이 당신에게 꿈을 향해서 포기하지 않고 행동하는 계기가 된다면 그보다 기쁜 일은 없을 것이다.

목표는 열정적이면서 힘차게 날아오를 '원대한 목표'를 세우고, 행동은 '지금 당장 할 수 있는 10초 액션'부터 시작해 보자.

이 책은 많은 사람들의 도움으로 만들어졌다. 이 책의 편집을 맡아 준 하세가와 가쓰야(長谷川勝也) 씨를 비롯해 다이와쇼보(大和書房)의 여러 직원분들에게 감사의 인사를 전한다. 또한 내게 보람을 느끼며 일할 수 있는 기회를 주는 고객과 동료, 가족에게 이 자리를 빌어서 감사의 인사를 올린다.

늘 옆에서 인생의 파트너로서, 일적인 측면에서는 최강의 파트너 및 코치로 전력을 다해 뒷바라지해 주는 아내 아사코(朝子), 언제나 소중한 것이 무엇인지를 깨닫게 해 주는 두 아들 아키히로(晃弘)와 다쓰야(達也). 세 명의 소중한 가족에게 이 책을 바친다.

무엇보다 이 책을 끝까지 읽어 준 당신에게 가장 큰 감사의 말을 전하고 싶다.

'행동 이노베이션 노트'를 통해서 한 명이라도 더 많은 사람들이 자신의 가능성을 최대한으로 이끌어 내어 꽃을 피우고 환한 미소로 매일 성장하는 나날을 보낼 수 있기를 진심으로 바란다.

머지않은 미래에 직접 만날 날을 기대하며
오히라 노부타카(大平信孝)

미루기 습관은 한 권의 노트로 없앤다

초판 1쇄 인쇄 2018년 1월 30일
초판 2쇄 발행 2018년 5월 25일

지은이 오히라 노부타카
옮긴이 이지현

발행인 정상우
디자인 이석운, 김미연
인쇄 · 제본 두성 P&L
용지 이에스페이퍼

펴낸 곳 라이팅하우스
출판신고 제2014-000184호(2012년 5월 23일)
주소 서울시 마포구 월드컵북로 400 문화콘텐츠센터 5층 10호
주문전화 070-7542-8070 팩스 0505-116-8965
이메일 book@writinghouse.co.kr
홈페이지 www.writinghouse.co.kr

한국어출판권ⓒ 2018, 라이팅하우스
ISBN 978-89-98075-50-7 03320